孟子

新编学生国学丛书

缪天绶　选注
刘宁　校订

中国文史出版社

图书在版编目(CIP)数据

孟子/缪天绶选注;刘宁校订.——北京:
中国文史出版社,2019.11

(新编学生国学丛书/缪天绶等主编)

ISBN 978-7-5205-1840-6

Ⅰ.①孟… Ⅱ.①缪… ②刘… Ⅲ.①儒家 ②《孟子》-注释 Ⅳ.①B222.52

中国版本图书馆CIP数据核字(2019)第278191号

责任编辑:金　硕

出版发行:**中国文史出版社**
社　　址:北京市海淀区西八里庄路69号院　　邮　　编:100142
电　　话:010-81136606　81136602　81136603　81136605(发行部)
传　　真:010-81136655
印　　厂:北京温林源印刷有限公司
经　　销:全国新华书店
开　　本:880mm×1230mm　1/32
印　　张:4.125
字　　数:87千字
版　　次:2020年2月北京第1版
印　　次:2020年2月第1次印刷
定　　价:19.80元

总　序

冯天瑜

作为汉字古典词，“国学”本谓周朝设于王城及诸侯国都的贵族学校，以与地方性、基层性的“乡校”“私学”相对应。隋唐以降实行科举制，朝廷设“国子监”，又称“国子学”，简称“国学”，有朝廷主持的国家学术之意。

时至近代，随着西学东渐的展开，与来自西洋的“西学”相比配，在汉字文化圈又有特指本国固有学术文化的“国学”一名出现。如江户幕府时期（1601—1867）的日本人，自18世纪起，把流行的学问归为三类：汉学（从中国传入）、兰学（从欧美传入，19世纪扩称洋学）、国学（从《古事记》《日本书纪》发展而来的日本固有学术）。19世纪末、20世纪初，中国留日学生与入日政治流亡者，以及活动于上海等地的学人，采借日本已经沿用百余年的“国学”一名，用指中国固有的学术文化。1902年梁启超（1873—1929）撰文，以“国学”与“外学”对应，强调二者的互动共济，梁氏曰：“今日欲使外学之真精神普及于祖国，则当转输之任者，必邃于国学，然后能收其效。”（《论中国学术思想变迁之大势》）1905年国粹派在上海创办《国粹学报》，公示“发明国学，保存国粹”宗旨。这里的“国学”意为“国粹之学”。该刊发表章太炎（1869—1936）、刘师培（1884—1920）、陈去病（1874—1933）等人的经学、史学、诸子学、文字训诂方面文章，以资激励汉人的民族精神与文化自信。从此，中国人开始在“中国固有学术文化”意义上使用“国学”一词，为“国故之学”的简称。所谓“国故”，指中国传统的学术文化之故实，此前清人多有用例，如魏源（1794—1857）认为，学者不应迷恋词章，学问要从“讨朝章、讨国故始”（《圣武记》卷一一），这“讨国故”的学问，也就是后来所谓之国学。

经清末民初诸学者（章太炎、梁启超、罗振玉、王国维、刘师培、黄侃、陈寅恪等）阐发和研究，国学所涉领域大定为：小学、经学、史学、诸子、文学，约与现代人文学的文、史、哲相当而又加以综汇，突现了中国固有学术整体性特征，可与现代学校的分科教学相得益彰、彼此促进，故自 20 世纪初叶以来，“国学”在中国于起伏跌宕间运行百年，多以偏师出现，而时下又恰逢勃兴之际。

中国学术素有“文、史、哲不分家”的传统，中国学术的优势与缺陷皆与此传统相关。百年来的中国学校教育仿效近代西方学术体制，高度分科化，利弊互见。其利是促进分科之学的发展，其弊是强为分割知识。为克服破碎大道之弊，有人主张打通文、史、哲壁垒，于是便有综汇中国人文学的“国学”之创设，并编纂教材，进于学校教育、家庭教育、社会教育，其先导性教材结集，为 20 世纪 20 年代至 30 年代原商务印书馆由王云五策划并担任主编的《万有文库》之子系《学生国学文库》。所收均为四部重要著作。略举大凡：经部如诗、礼、春秋，史部如史、汉、五代，子部如庄、孟、荀、韩，并皆刊入；文辞则上溯汉、魏，下迄近代，诗歌则陶、谢、李、杜，均有单本，词则多采五代、两宋。丛书凡 60 册，已然囊括了“国学”之精粹。其鲜明之特色是选注者掺入了对原著的体味，经史诸书选辑各篇，以表见其书、其作家之思想精神、文学技术、历史脉络者为准。其无关宏旨者，概从删削、剔抉。选注者中不乏叶圣陶、茅盾、邹韬奋、傅东华这样的学界翘楚。他们对传统国学了然于胸，于选注自然是举重若轻，驾轻就熟。这样一份业经选注者消化、反刍的国学精神食粮自然更便于国学入门者吸收。

这样一套曾在20世纪初在传播传统文化、普及国学知识方面起到重要的作用的丛书即便今天来看也是历久弥新。中国文史出版社因应时势，邀约深谙国学之行家里手于原辑适当删减、合并、校勘，以30册300余万言，易名《新编学生国学丛书》呈献当今学子。诸书均分段落，作标点，繁难字加注音，以便省览。诸书原均有注释，古籍异释纷如，原已采其较长者，现做适当取舍、增删。诸书较为繁难、多音多义之字，均注现代汉语拼音，以便讽颂。诸书卷首，均有选注者序，述作者生平、本书概要、参考书举要等，凡所以示读者研究门径者，不厌其详，现一仍其旧。

这样一套入门的国学读物，读者苟能熟读而较之，冥默而求之，国学之精要自然神会。

是为序。

校订说明

丛书原名《学生国学文库》，为20世纪二三十年代商务印书馆王云五主编《万有文库》之子系，现易名《新编学生国学丛书》，奉献给广大国学爱好者。

原丛书共60种，考虑到难易程度、四部平衡、篇幅等因素，在广泛征求专家意见基础上，现删减为34种30册。

基本保留了原书的篇章结构。因应时势有极少量的删节。

原文部分，均选用通用、权威版本全文校核，参以校订者己见做了必要的校核和改订。为阅读的通顺、便利，未一一标注版本出处。

注释根据原文的结构分别采用段后注、文后注，以便读者省览。原注作了适当增删，基本上保持原文字风格，之乎者也等虚词适当剔除，增删力求通畅、易懂，避免枝蔓。典实、注引做了力所能及的查证，但因才学的有限疏漏可能在所难免。

原书为繁体竖排，现转简体横排。简化按通行规则，但考虑到作为国学读物，普及小学知识亦在情理之中，故而保留了少量通假字、繁体字、异体字，一般都出注说明。或许亦可增加读者的阅读兴趣和扩大知识面。

生僻、多音字作相应注音，原反切、同音、魏妥玛注音，均统一改现代汉语拼音。

国学读物校订，工作浩繁，往往顾此失彼，多有不当处，还望读者指正。

序　言

孟子传略

孟子　名轲。鲁公族孟孙之后。今山东省邹县人。司马迁《史记》、班固《汉书》、赵岐《孟子题辞》多未之及。王肃以为字子舆，傅玄以为字子居，王应麟皆疑其傅会。

孟子之家庭　孟母最有名，三迁断机故事，几妇孺皆知。赵岐《孟子题辞》称其夙丧父。陈镐《阙里志》、薛应旂《四书人物考》遂谓孟子三岁丧父。周广业辨之曰："赵氏《题辞》云：'孟子生有淑质，夙丧其父，幼被慈母三迁之教。'及注后丧逾前丧云：'孟子前丧父约，后丧母奢，前后虽无定时；然以士大夫三鼎五鼎之言推之，相隔必不甚久远。'礼曰：丧从死者祭从生者。祭以三鼎，则丧父在为士之后甚明。其时年盖四十余矣。《题辞》所谓夙丧者，亦以父先母殁耳，非必幼孤也。"王复礼又曰："若前丧在三岁，则丰啬非所自主，仓安得谮之。盖孟父实未尝卒，其三迁断机，或者父出游，慈母代严父耳。"由周广业、王复礼之言，则孟子三岁丧父之事，颇疑其非实。而孟父在，家庭教育之责任乃委之其母，则父出游之臆测，亦为或然之事实。相传孟父激公宜，孟母仉（zhǎng）氏。《续文献通考》乃谓孟子娶田氏，生子睪。皆未知所据。

孟子之学术渊源　孟子少（shào）受母教，长（zhǎng）受孔家之纯儒术化。孟子行为哲学中之自反说，为其处世最和平之方法。《韩诗外传》载孟子出妻事：“孟子妻独居，踞。孟子入户，视之。白其母曰：‘妇无礼，请去之。’母曰：‘何也？’曰：‘踞。’母曰：‘何知之？’曰：‘我亲见之。’母曰：‘乃汝无礼也！非妇无礼。《礼》不云乎？将入门，问孰存。将上堂，声必扬。将入户，视必下，不掩人不备也。今汝往燕私之处，入户不有声，令人踞而视之；是汝之无礼，非妇无礼也。’于是孟子自责，不敢去妇。”可见孟母之粹于道德，而孟子异日在行为哲学中所持之自反说，有由来矣。孟子在战国时，为纯正儒家。孟子自言：“乃所愿则学孔子也。”又言：“予未得为孔子徒也，予私淑诸人也。”盖不啻开明宣言予为儒教徒也。惟孟子为子思之亲炙弟子，抑为再传弟子。司马迁谓受业子思之门人，班固谓子思弟子疑不能定。王懋竑以孔子、子思、孟子之生卒年岁考之，孟子断不能受业子思。即谓子思年六十二者系八十二之误，则孟子亦在童子之时，未能受业子思。然孔门传授分二支派：一为曾子，曾子传之子思，子思传之孟子；一为子夏，子夏传之馯臂子弓，馯臂子弓数传而至荀子。曾子资性刚毅，所谓君子儒也。子夏资性敏慧，有近名之习，所谓小人儒也。观孟子岩岩气象，屡称曾子、子思之刚毅，其进退出处，大都相类，则固其嫡系也。

孟子之时代背景　赵岐《题辞》曰：“周衰之末，战国纵横用兵争强，以相侵夺。当世取士，务先权谋，以为上贤；先王大道，陵迟堕废。异端并起，杨朱、墨翟之言，以干时惑众者非一。孟子闵悼尧、舜、汤、文、周、孔之业，将遂湮微，正途壅底，仁义荒怠，佞伪驰骋，红紫乱朱；于是则慕仲尼，周流忧世。遂以儒道游于诸侯，思济斯民。”此言孟子之学术思想由于时代思潮之反应也。刘向《校战国策书录》曰：“仲尼既没（mò）之后……道德大废，上下失序……晚世益甚，万乘之国七，千乘之国五，敌侔（móu）争权，盖为战国……力攻争强，胜者为右。兵革不休，诈伪并起。当此之时，虽有道德，不得施谋。故孟子、孙卿儒术之士，弃捐于世，而游说权谋之徒，见贵于俗。”此言孟子在当时社会所处之地位也。孟子与人议论，词锋辨利，比于武事，当时以为好胜。后来如王充之《刺孟》、司马光之《疑孟》，皆于孟子有违辞，以为不类孔子。此亦孟子生战国之世、百家争鸣之时，所受时代之影响，有以使然。假使孟子如孔子之温柔和缓，以与诸子百家相角逐，恐不足以唤起一般之注意。孟子自言：“予岂好辩哉？予不得已也。”

孟子书

孟子七篇　《孟子》七篇：首《梁惠王》，次《公孙丑》，次《滕文公》，次《离娄》，次《万章》，次《告子》，次《尽心》。司马迁、赵岐皆谓：“孟子所自作。”

惟韩愈谓："轲之书非自著。"主孟子自作者则曰："书名《孟子》，是孟轲所自作之书。如《荀子》。"又曰："读七篇，观其书如镕铸而成，非缀辑所就也。"主非孟子所自作者则又曰："今考其书，载孟子所见诸侯皆称谥（shì）。如：齐宣王、梁惠王、梁襄王、滕定公、滕文公、鲁平公是也。夫死，然后有谥。轲所见诸侯，不应皆称谥。且惠王元年至平公之卒，凡七十七年。轲始见惠王，目之曰叟，必已老矣。决不见平公之卒也。后人追为之明矣。"于是阎若璩（qú）乃曰："《论语》成于门人之手，故记圣人容貌甚悉。七篇成于己手，故但记言语或出处耳……卒后，书为门人所叙定，故诸侯王皆加谥焉。"

孟子外书　《汉书·艺文志·孟子》十一篇，《风俗通》作书中外十一篇，因谓七篇为中，余四篇为外。赵岐《题辞》则谓："外书四篇——《性善辨》《文说》《孝经》《为政》，其文不能宏深，不与内篇相似，似非孟子本真，后世依仿而托者也。"是外书在赵岐之时，即已认为伪书，不为学者所重。其后南宋孙弈则自谓闻之前辈，亲见馆阁中有《孟子外书》四篇。刘昌诗则谓新喻谢氏多藏古书，有《性善辨》一帙（zhì）。至明姚士粦又传《孟子外书》四篇。姚本丁杰为之条驳甚详，断为刘贡父妄作。而此历代忽隐忽现之《孟子外书》，焦循乃截然为之断定曰："外书四篇，赵氏斥为伪托，其亡已久。孙弈所闻，新喻所藏，已难据信。况此（指姚本）又赝之尤者乎！"

孟子之学说概略

孟子承孔子之后，犹庄子承老子之后。孔子、老子发为言说，皆仅有简括具体之论述，孟子、庄子承之，则皆有雄健浑浩之文辞，以发挥其所宗奉之学说。犹释迦之后，而挺生马鸣、龙树以宏演其教义，殊可异也。孟子于儒家之学说，多所推阐，而亦自有发明。综七篇中，晰其学说性质，大要不外六种：一为心性论，二为行为哲学，三为教学方法，四为政治哲学，五为同时学说之批评，六为尚论古人。今为概述之如左：

心性论　孟子道性善，性善为孟子之本体论，亦为孟子之中心学说。其时论性者，言无善无不善者有之，言有善有不善者有之，言可以为善可以为不善者有之，而孟子独言性善。自是以后，性善说遂为儒家之基本教条，不主性善说者，不免有非儒家正系之疑焉。孟子既认定人性本善，则吾人欲修养道德，完成人格直发挥吾性所固有之善可耳。故其言曰："人皆有所不忍，达之于其所忍，仁也。人皆有所不为，达之于其所为，义也。人能充无欲害人之心，而仁不可胜用也。人能充无穿窬（yú）之心，而义不可胜用也。"所谓"达"，所谓"充"，皆自"性善"演绎而得者也。然人类卒至有恶，何也？孟子之解释，则谓耳目之感觉作用，易为外物所引，而未尝经过心之反省耳。苟能经过心之反省，常处于主动地位，自不为物所动。孟子称心为大体，耳目为小体，名此反省作用为思因；极力告人反省，其言曰：“思则得之，不思则不得也。”“弗思耳！”“弗思甚矣。”其急切如此。

行为哲学　“孝弟（tì）也者，其为仁（通人）之本与！”孝弟实为儒家唯一之人本主义。孟子谓：“仁之实，事亲是也。义之实，从兄是也。”“尧、舜之道，孝弟而已矣。”则亦以孝弟为人类道德行为之单位也。孟子定义利为人类行为之反对标准律，一切行为之动机，以义不以利，无许丝毫利己心夹于其间；是即义利分明之说，为孟子行为哲学中之最大特色者也。厥后董仲舒“正其谊不谋其利，明其道不计其功”、张栻“无所为而为之”之说，皆原乎此。孟子又示人以对人对己之态度。不敢言人之不善，不敢为人师，是其对人纯取谦虚态度者也。“行有不得者，皆反求诸己。”人待之以横（hèng）逆，则必自反曰：我必不仁也，我必无礼也，我必不忠。是其对己纯取忏悔态度者也。自反而仁矣，而有礼矣，而忠矣，人待之以横逆如故也，乃曰：是妄人也，与妄人又何难（nàn）焉？则又取不抵抗态度者也。盖其伟大之精神，终日以不若舜为忧，何暇与常人较鸡虫琐屑哉？故能成其伟大之人格。

教学方法　孟子之教育方法，在今日所谓取自动式者是也。其言曰：“君子深造之以道，欲其自得之也。”“君子引而不发。”大匠“能与人规矩，不能使人巧。”而其理由与功效，又尝申论之曰：“自得之，则居之安。居之安，则资之深。资之深，则取之左右逢其原，故君子欲其自得之也。”又曰：“乐则生矣，生则恶可已也，恶可已，则不知足之蹈之手之舞之。”孟子又谓学者品类不一，而教育之方式，不能单纯划一。其自言所以教者有五：曰时化，曰成德，曰达材，曰答问，曰私淑艾。盖亦以发展个性为要者也。此外如“一傅众咻”，则一注意环境之教育方策也。“生于忧患，死于安乐”，则又示学者以极力与恶劣环境奋斗之教训也。

政治哲学　孟子承儒家之学，生君权异常发达之中国，而高唱“民贵”之学说，可谓异军特起者矣。在今日民权主义发达之世界，不啻（chì）家常茶饭，平淡无奇；然在昔日之中国，不可谓非瑶草琪花，人间鲜（xiǎn）见者也。由其民贵之学说推之，于是建设其最伟大之保民政策。保民政策之实施，首在处理平民之生产经济。其唯一之希望，在使人民无冻馁（něi）之患，使有菽粟如水火；菽粟如水火，而民无有不仁。此则保民政策之极至也。由当时之政治现状与社会状况论之，斯固最良善之政治计划。即以今日眼光评论之，亦一富有价值之政治学说也。孟子又进而打破君主之权威，抬高臣之位置。彼以为君臣之精神关系，非雇佣性质，为合作性质。君与臣同负保民之使命，而同作保民之业务。君苟违此使命，则臣得以诛此异类。盖虐害民众者谓之贼，贼固人人得而诛之。由孟子之言，则君主不能威权无限，长幽絷于保民使命之下，稍一不慎，即有上断头台之危。孟子直君主眼中之钉也。然自古大哲，常以高论遭世之忌，致以身徇其主义。孟子生战国时，放言无忌，得免于祸，可谓幸矣。及二千余年以后，大为朱元璋所不快，欲逐出于孔氏之列，盖已无可如何矣。

同时学说之批评　战国之时，学说纷歧，其为时代之产物而成危险的主义者，则兵家、法家、纵横家、功利家是也。其为时代思潮之反应，而走极端之主张者，道家、墨家、农家是也。又有敷衍因循以求苟且生息于恶劣之社会为主义者，则乡愿是也。其时知识界人物之情形，大概如此。此各人物所持之主义，皆与儒家发生多少之冲突。而尤在当时知识界中具有重大之势力，其学说尤近道理而尤与儒家有潜隐至深之冲突者，则墨家是也。故孟子大声疾呼，以拒墨为偌大之任务，致谓："能言拒杨、墨者，圣人之徒也。"可以见其用力之猛矣。其次如兵家、纵横家、功利家、乡愿等，亦皆以严利之言辞纠正之。盖兵家、纵横家、功利家陷国家于杌（wù）陧（niè）不宁之中，而乡愿使社会麻痹不仁、是非不分，皆害虫也。

尚论古人　今日一般批评者类知着重于时代背景之考察，几成批评哲学之当然律，而孟子早已言之。孟子谓："颂其诗，读其书，不知其人，可乎？是以论其世也。是尚友也。"所谓论世即考察时代背景之谓也。孟子又谓："禹、稷、颜子易地则皆然。""曾子、子思易地则皆然。"所谓地，则谓各人之特殊关系也。在考察时代背景以外，又须注意其特殊之关系，乃臻完备缜密之手续，而批评斯有真确性。孟子列论“伯夷，圣之清者也。伊尹，圣之任者也；柳下惠，圣之和者也；孔子，圣之时者也”。盖谓各人有各人之特性，亦各有相当之成功。不能执一而论，主彼奴此。彼谓：“乃所愿则学孔子也。”亦学焉而各求其性之所近耳。尤合今日适应个性之说。

凡上所举，皆仅及其概略，多所缺漏。然孟子学说之要义，麤（cū）尽于是。

孟子之辩证术

孟子实一雄辩家也。其门人公都子尝告之曰：“外人皆称夫子好（hào）辩。”是当时即以辩者目之矣。辩之作用，不外悟他。辩之性质，不外是己而非人。己所是者，谓之“所立”。己所非者，谓之“所破”。能使人悟己之所立是者，谓之“能立”。能使人悟己之所破是者，谓之“能破”。孟子之所立所破，上已言之。其能立能破，约略言之如下：

能立，即论理学所谓建设论证也。孟子书中，多正反并用之论证。孟子建性善说，以为其根本学说，故论证之亦甚力。其论证，纯用归纳法。彼自人类性情之发动上观察，则见人皆有怵惕、恻隐之心，人皆有所不忍，人皆有所不为，人皆有无欲害人之心，人皆有无穿窬（yú）之心；无不知爱其亲也，无不知敬其兄也。以此“人皆有”“无不知”为其

"恻隐之心人皆有之，羞恶之心人皆有之，恭敬之心人皆有之，是非之心人皆有之"之证据，而因以确立其性善之说。彼又用归纳类推法论证之。彼自耳目口三官之作用观察之，发现其有"同听""同美""同耆"之情状，于以类推心之有"同然"。彼谓心之所同然者为理为义。彼谓理义之悦我心，犹刍豢之悦我口。其所归纳而论证者，果已确乎？且勿置论。然归纳论证为建设论证之中最有力者，而孟子能取以论证其性善之说，故能站定脚步，坚其壁垒，而屹然树立一家之标帜。

能破，即论理学所谓破坏论证也。孟子之破坏论证，尤层出不穷，应变无方。其驳农家之劳动主义也，尝为谈话式之驳论曰："'许子必种粟而后食乎？'曰：'然。''许子必织布而后衣乎？'曰：'否，许子衣褐。''许子冠乎？'曰：'冠。'曰：'奚冠？'曰：'冠素。'曰：'自织之与？'曰：'否，以粟易之。'曰：'许子奚为不自织？'曰：'害于耕。'曰：'许子以釜甑（zèng）爨（cuàn），以铁耕乎？'曰：'然。''自为之与？'曰：'否，以粟易之。''以粟易械器者，不为厉陶冶；陶冶亦以其械器易粟者，岂为厉农夫哉？'"剥蕉抽茧，层层推阐，使之自陷于矛盾，此即破坏论证中最有力之反证法也。破坏论证有二方法，或举其逻辑误谬，或举其实质误谬。苟能举出其实质误谬，则可以与对方以致命之伤；而逻辑误谬，可以不举。孟子则善能指摘其所破之实质误谬。彼其驳许子等价之说曰："夫物之不齐，物之情也……子比而同之，是乱天下也。巨屦小屦同价，人岂为之哉？"又其驳夷子兼爱之说曰："夫夷子信以为人之亲其兄之子，为若亲其邻之赤子乎？"其所谓"情"，所谓"人"，即实质也。巨屦、小屦不能同价，人不能亲其邻之子如其兄之子，而许子乃欲等之，夷子乃欲兼之，此即为实质误谬也。孟子之时，固无辩证术之科学。而其辩论时所应用之方法，举凡今日辩论术最有力之驳论，类能应用。盖亦用则发达，熟能生巧之谓。其弟子陈臻尝以双刀论法逼论之曰："前日之不受是，则今日之受非也。今日之受是，则前日之不受非也。"几（jī）使孟子进退两难。而孟子乃应之曰："皆是也。"陈臻遂无以复难（nàn）。盖陈臻不知双刀论法必须只有二层之可择，不可更有第三层，然后可以难（nán）倒对方。而今则有"皆是也"之第三层，陈臻终不能困孟子矣。

然孟子好（hào）为类比论证。恰当之类比，能使听者生极深之印象，固有最大之功用。赵岐谓："孟子之文，长于譬喻，辞不迫切，而意已独至。"固也。如"攘鸡""揠苗"之喻，皆富有趣味者也。顾类此者，非能真正证明所论，仅足以增益"或然"之程度，最易包藏误谬。如孟子以水之无不下类比人之无不善，此最危险者也。假使人即随而反诘之曰："水之无不下犹人之无不恶（è）耳。"则孟子亦无可非之。且孟子之建设论证，亦为不完全之归纳，未能立于确当之地位。苏辙曰："有恻隐之心而已乎？盖亦有忍人之心矣。有羞恶（wù）之心而已乎？盖亦有无耻之心矣。有辞让之心而已乎？盖亦有争夺之心矣。有是非之心而已乎？盖亦有蔽惑之心矣……今孟子则别之曰，此四者性也，彼四者非性也。以告于人而欲其信之，难（nán）矣。”盖亦以孟子之论证为不完全之归纳论证也。要之：孟子之才甚大，故雄于辩。惜其时之学者，甚鲜（xiǎn）细密之研究，无有与孟子作长时间之辩论，为进一步之驳诘；而孟子所言，乃遂止此。所谓“未尽其才”者也。吾人今日研究孟子，持论理之律令以批判之，苟能发现其破绽，亦学者分（fèn）内事也。

论研究孟子之程序

予且进而论研究孟子之程序。予意当分三步：先作单章研究，次作问题研究，最后当作全体研究。

单章研究　其要旨在认取本章所论之点而提挈其要领。如《牵牛》章，其论点为“保民”，而论要为“王能保民”“王不可不保民”“保民可易实行”。苟如是认取而提挈之，则《牵牛》章尽是。又如《养气》章，人人以为难（nán）读。实则其论点为“不动心之道”，其论要为“求气之不动心”“求心之不动心”“不求气不求心之不动心”，孟子则求心之不动心也。苟如是认取而提挈之，则《养气》章可不复困吾脑筋。朱子尝谓：“《孟子》若读得无统，也是费力。”所谓读得无统，即谓不能认取论点与提挈论要也。盖孟子之言，如长江、大河，随地涌出，无有痕迹。若不认取其论点而提挈其论要，将如矮人看戏，无从观见。

问题研究　其要旨在确定问题所论之域而索究其根据。“性善”为孟子在本体论上所提出之问题。“性有善”“性纯善”则此问题可有广、狭二个不同之论域。孟子所提出者，为“性有善”乎？“性纯善”乎？孟子未尝明言，须吾人综核其书而为之确定。陈澧谓：“孟子所谓性善者，谓人人之性皆有善也，非谓人人之性皆纯乎善也。”此陈澧确定孟子性善之论域也。陈澧之言若何？吾人可更审之。“制民产”为孟子在政治上所提出之问题。孟子果何所见而云然？吾人当进而索究其根据焉。有理论根据焉，有事实根据焉，有方法根据焉，吾人当一一索究之。“民之为道也，有恒产者有恒心，无恒产者无恒心。”此理论根据也。“今也制民之产，仰不足以事父母，俯不足以畜妻子；乐（lè）岁终身苦，凶年不免于死亡。此惟救死而恐不赡，奚暇治礼义哉？”此事实根据也。“五亩之宅，树之以桑，五十者可以衣帛矣；鸡豚狗彘之畜，无失其时，七十者可以食肉矣；百亩之田，勿夺其时，八口之家，可以无饥矣；谨庠序之教，申之以孝悌之义，颁白者不负戴于道路矣。”此方法根据也。惟孟子在一章内，或仅举其论，而未尝言其根据，或言矣而不详；吾人当类聚其所论之同性质为比并而参（cān）看之。此则问题研究所必要之手续也。

全体研究　其目的在探取其中心学说之所在。吾人规一圆周，若探得其中心之所在，则自中心以至圆周之各点，其距离无不相同。吾人研究前人之学说思想，若能探得其中心学说之所在，则自中心学说以推及于其他之学说，必有相互之关系。此即全体研究之要也。进化论为达尔文之中心学说，而达尔文政治、经济、教育、文化各问题之解决，胥系于此。人口论为马尔塞斯之中心学说，而马尔塞斯政治、经济、教育、文化各问题之解决，亦胥系于此。朱子谓孟子之性善说，在七篇中，试默识而旁通之，无非此理。是朱子以性善为孟子之中心学说也。性善果为孟子之中心学说乎？吾人于是当作全体之研究，以探取其中心学说之所在，而默识旁通其各个学说相互之关系，图获最终之结果，以为研究《孟子》之结束。

如上所陈，似为研究《孟子》所必经之程序。且不第《孟子》然，即研究诸子，亦当经过此同样之程序，学者谅同情焉。今论《孟子》，辄备举之于此。

1925 年 7 月，缪天绶于上海

目　录

心　性

性　善

滕文公为世子[1]，将之楚[2]，过宋[3]而见孟子。

孟子道性[4]善，言必称尧、舜。

世子自楚反，复[5]见孟子。

孟子曰："世子疑吾言乎？夫道一[6]而已矣。成𫐄谓齐景公[7]曰：'彼，丈夫也；我，丈夫也，吾何畏彼哉？'颜渊[8]曰：'舜，何人也？予，何人也？有为者，亦若是[9]。'公明仪[10]曰：'文王，我师也[11]；周公岂欺我哉？'今滕绝[12]长补短，将[13]五十里也，犹可以为善国。《书》曰[14]：'若药不瞑眩[15]，厥疾不瘳[16]。'"

---

①滕文公：滕，国名。文，谥号。世子：天子、诸侯之嫡子也。明当世父位为君。　②之：往。楚：今湖北、湖南为楚旧地。　③宋：今河南省商丘等地。孟子时在宋。　④性：天然之本质。　⑤复：又。　⑥道一，《孟子字义疏证》云："孟子答公孙丑曰：'大匠不为拙工改废绳墨。羿不为拙射变其彀率。'言不因人之圣智不若尧、舜、文王，有二道也。"

⑦成覸，赵注：成覸，勇果者也。《音义》云："覸，古苋切。一音闲。"齐景公：齐，国名。景，谥号。　⑧颜渊：孔子弟子，名回，字渊。　⑨是：指舜。　⑩公明仪：人名，姓公明，名仪，曾子弟子。当时称贤者。　⑪文王，我师也：周公之言。　⑫绝：截。　⑬将，《尔雅·释诂》云：将，大也。《广雅·释诂》云：方，大也。将五十里，即方圆五十里。⑭《商书·说命》篇。　⑮瞑眩（miàn xuàn）：愦乱。⑯瘳（chōu）：愈。

公都子①曰："告子②曰：'性无善，无不善也。'或曰：'性可以为善，可以为不善。是故文、武兴，则民好善；幽、厉兴，则民好暴。'或曰：'有性善，有性不善。是故以尧为君，而有象；以瞽瞍为父，而有舜；以纣为兄之子，且以为君，而有微子启、王子比干③。'今曰'性善'，然则彼皆非与？"

孟子曰："乃若其情④，则可以为善矣，乃⑤所谓善也。若夫为不善，非才⑥之罪也。恻隐之心人皆有之，羞恶之心人皆有之，恭敬之心人皆有之，是非之心人皆有之。恻隐之心仁也，羞恶之心义也，恭敬之心礼也，是非之心智也。仁、义、礼、智，非由外铄⑦我也，我固有之也，弗思耳矣⑧。故曰：'求则得之，舍⑨则失之。'或相倍蓰⑩，而⑪无算者，不能尽其才者也。《诗》曰⑫：'天生蒸⑬民，有物有则⑭，民之秉彝⑮，好是懿⑯德。'孔子曰：'为此诗者，其知道乎！故有物必有则，民之秉彝也，故好是懿德。’”

---

①公都子：孟子弟子。 ②告子：名不害。 ③“以纣”数句，顾炎武《日知录》曰：“以纣为弟，且以为君，而有微子启。以纣为兄之子，且以为君，而有王子比干。并言之，则于文有所不便，故举此以该彼。” ④乃若，陈澧《东塾读书记》云：‘乃若’者，因其说而转之之词。如象之性诚恶矣，乃若见舜而忸怩，则其情可以为善。可见象之性仍有善。是乃孟子所谓性善也。情，朱注：情，性之动也。下文恻隐、羞恶、恭敬让、是非皆情也。 ⑤乃：犹“是”也。 ⑥才：犹“本能”也。 ⑦铄：音削。孔广森《经学·卮言》曰：“《尔雅·释诂》云，铄，美也。” ⑧耳矣，《经传释词》曰：“‘耳矣’者，‘而已矣’也。” ⑨舍（shě）：纵也。 ⑩蓰（xǐ）：五倍曰蓰。 ⑪而：犹“与”也。 ⑫《诗·大雅·烝民》第一章。 ⑬蒸：《诗》作“烝（zhēng）”。《传》（zhuàn）云：“烝，众也。” ⑭物，《传》云：“事也。”则，《传》云：“法也。” ⑮秉彝，《笺》云：“秉，执也。”彝，《传》云：“常也。” ⑯懿（yì），《传》云：“美也。”

孟子曰：“人皆有不忍人之心。

“先王有不忍人之心，斯有不忍人之政矣。以不忍人之心，行不忍人之政，治天下，可运①之掌上。

“所以谓人皆有不忍人之心者，今人乍见孺子[2]，将入于井，皆有怵惕、恻隐[3]之心；非所以内[4]交于孺子之父母也，非所以要[5]誉于乡党朋友也，非恶其声[6]而然也。

“由是观之：无恻隐之心，非人也。无羞恶之心，非人也。无辞让之心，非人也。无是非之心，非人也。

“恻隐之心，仁之端[7]也。羞恶之心，义之端也。辞让之心，礼之端也。是非之心，智之端也。人之有是四端也，犹其有四体[8]也。有是四端，而自谓不能者，自贼[9]者也。谓其君不能者，贼其君者也。

“凡有四端于我者，知皆扩而充[10]之矣，若火之始然[11]，泉之始达[12]。苟能充之，足以保四海。苟不充之，不足以事父母。”

---

①运：转。　②乍：暂。《广雅·释诂》云：暂，猝也。孺子：小孩子。　③怵（chù）惕：惊动貌。恻隐：哀痛。④内，《音义》云：一本亦作“纳”。　⑤要（yāo）：求。⑥恶（wù）：厌恶。声：名。谓不是因为厌恶有不仁之声名，而是出于怵惕、恻隐之心。　⑦端：首。　⑧四体：四肢。⑨贼：害。　⑩扩：廓。《方言》云：张小使大谓之廓。充：大。　⑪然：通“燃”。　⑫达：通。

孟子曰：“人皆有所不忍[1]，达之于其所忍，仁也。人皆有所不为[2]，达之于其所为，义也。

“人能充无欲害人之心，而仁不可胜[3]用也。人能充无穿窬[4]之心，而义不可胜用也。人能充无受尔汝[5]之实，无所往而不为义也。

“士未可以言而言，是以言餂[6]之也。可以言而不言，是以不言餂之也。是皆穿窬之类也。”

---

①所不忍，《正义》曰：“‘所不忍’，即下‘无害人之心’。” ②所不为，《正义》曰：“‘所不为’即下‘无穿窬之心’。” ③胜（shēng）：尽。 ④穿窬：穿墙逾屋也。 ⑤尔汝，朱熹《孟子集注》云：“尔汝，人所轻贱之称。” ⑥餂（tiǎn）：赵注，餂，取也。丁公著《孟子手音》曰：“注云，餂，取也。今案字书及诸书并无此‘餂’字。”郭璞《方言》注云：“音忝。谓挑取物也。”其字从金，今此字从食，与《方言》不同，盖传写误也。姚宽《西溪丛语》云：“《玉篇》食字部有餂字，注音达兼反，古甜字。然则字书非无此字，第与《孟子》言餂之义为不合耳。今以《孟子》之文，考餂之义，赵岐以餂训取是也。当如郭氏《方言》，其字从金为銛。《玉篇》《广韵》銛音他点反，取也。”焦循《孟子正义》曰：“銛乃挑之转音，以言銛，即以言挑也。”

孟子曰：“鱼，我所欲也。熊掌[1]，亦我所欲也。二者不可得兼，舍[2]鱼而取熊掌者也。生，亦我所欲也。义，亦我所欲也。二者不可得兼，舍生而取义者也。

“生亦我所欲，所欲有甚于生者，故不为苟得③也。死亦我所恶（wù），所恶（wù）有甚于死者，故患有所不辟④也。

“如使人之所欲，莫甚于生，则凡可以得生者，何不用也⑤？使人之所恶，莫甚于死者，则凡可以辟患者，何不为也？

“由是则生，而有不用也；由是则可以辟患，而有不为也。是故所欲有甚于生者，所恶有甚于死者。非独贤者有是心也，人皆有之；贤者能勿丧⑥耳。

“一箪食⑦，一豆⑧羹，得之则生，弗得则死，嘑⑨尔而与之，行道之人弗受；蹴⑩尔而与之，乞人不屑⑪也。万钟⑫，则⑬不辩礼义而受之，万钟于我何加焉⑭？为宫室之美，妻妾之奉，所识穷乏者得⑮我与？乡⑯为身死而不受，今为宫室之美为（wéi）之。乡为身死而不受，今为妻妾之奉为之。乡为身死而不受，今为所识穷乏者得我而为之。是亦不可以已⑰乎？此之谓失其本心。”

---

①熊掌：即熊蹯，味之美者也。　②舍：舍去。　③得：生。　④辟（bì）：与“避”同。　⑤也（yē）：犹“邪”。　⑥丧（sàng）：失去。　⑦箪（dān）：竹器。食（sì）：饭也。　⑧豆：木器。　⑨嘑（hū）：与“呼”同。　⑩蹴（cù）：践踏。　⑪屑：洁。　⑫钟，《左传》：釜十则钟。釜为六斗四升。钟为十釜，是六斛四斗。　⑬则，《经传释词》云：犹“乃”。　⑭加：益处。焉，《经传释词》云：“焉”犹“乎”也。　⑮得：与“德”通。　⑯乡（xiàng）：以

前。　　⑰已："止"也。

孟子曰："人之所不学而能者，其良能也；所不虑而知者，其良知也。孩提[1]之童，无不知爱其亲者；及其长也，无不知敬其兄也。亲亲，仁也；敬长，义也。无他，达[2]之天下也。"

---

①孩提，《说文》口部云：咳，小儿笑也。孩，古文"咳"。手部云：提，挈也。赵注：孩提，二三岁之间在襁褓，知孩笑可提抱者也。　　②达：通。

孟子曰："富岁子弟多赖[1]，凶岁子弟多暴。非天之降才尔[2]殊也，其所以陷溺其心者然也。

"今夫麰[3]麦，播种而耰[4]之。其地同，树之时又同，浡（bó）然而生，至于日至[5]之时，皆熟矣。虽有不同，则地有肥硗[6]，雨露之养、人事之不齐也。

"故凡同类者，举[7]相似也，何独至于人而疑之？圣人与我同类者。故龙子[8]曰：'不知足而为屦，我知其不为蒉[9]也。'屦之相似，天下之足同也。

"口之于味，有同耆也[10]。易牙[11]先得我口之所耆者也。如使口之于味也，其性与人殊，若犬马之与我不同类也。则天下何耆皆从易牙之于味也？至于味，天下期于易牙，是天下之口相似也。惟[12]耳亦然。至于声，天下期于师旷[13]，是天下之耳相似也。惟目亦然。至于子都⑭，天下莫不知其姣也⑮。不知子都之姣者，无目者也。

“故曰：口之于味也，有同耆焉；耳之于声也，有同听焉；目之于色也，有同美焉。至于心，独无所同然乎？心之所同然者，何也？谓‘理’也，‘义’也。圣人先得我心之所同然耳。故理义之悦我心，犹刍豢⑯之悦我口。”

---

①富岁：丰年。赖：懒。 ②尔，王引之《经传释词》云：“尔，犹如此也。言非天之降才，如此其异也。” ③麰（móu）：大麦。 ④耰（yōu）：覆种。 ⑤日至：谓仲夏日至。 ⑥硗（qiāo）：土地贫瘠。 ⑦举：皆。 ⑧龙子：古贤者。 ⑨蒉（kuì）：草器。 ⑩耆（shì）：与“嗜”同。也：犹“者”。与下“所耆者也”相应。 ⑪易牙：古之知味者，齐桓公臣也。《战国策·魏策》：齐桓公夜半不嗛。易牙乃煎熟燔炙，和调五味而进之。桓公食之而饱。至旦不觉。曰，后世必有以味亡其国者！ ⑫惟：亦作“唯”字。⑬师旷：能审音者。 ⑭子都：古之姣好者也。 ⑮姣：好。也：亦犹“者”。 ⑯刍豢（huàn）：刍，刈草。饲牛羊以草，故即称牛羊为刍。以谷食犬豕曰豢，故即称犬豕为豢。

存心之要

孟子曰："牛山①之木尝美矣。以其郊②于大国也，斧斤③伐之，可以为美乎？是其日夜之所息④，雨露之所润，非无萌蘖⑤之生焉，牛羊又从而牧之。是以若彼濯濯⑥也。人见其濯濯也，以为未尝有材焉。此岂山之性也哉？

"虽存⑦乎人者，岂无仁义之心哉？其所以放其良心者，亦犹斧斤之于木也，旦旦⑧而伐之，可以为美乎？其日夜之所息，平旦之气⑨，其好（hào）恶（wù）与人相近也者几希⑩；则其旦昼⑪之所为，有梏⑫亡之矣。梏之反覆，则其夜气不足以存；夜气不足以存，则其违禽兽不远矣。人见其禽兽也，而以为未尝有才焉者。是岂人之情也哉？

"故苟得其养，无物不长。苟失其养，无物不消。孔子曰：'操⑬则存，舍⑭则亡。出入无时，莫知其乡。'惟心之谓与？"

---

①牛山：齐之山名。在今山东临淄南十里。　②郊：邑外谓之郊。　③斤：斫木之刀。　④是：犹"夫"。息：生长。　⑤萌蘖（niè）：萌，芽也。蘖，芽之旁出者也。　⑥濯濯：光秃貌。　⑦存：在。　⑧旦旦：日日。　⑨平旦之气：谓

未与物接之时，清明之气。　⑩几（jī）希，赵注：几，岂也。岂希，言不远也。　⑪旦昼：明日。　⑫有，何义门《读书记》云："有"当读去声。为"又"。牿（gù）：乱。⑬操：持。　⑭舍（shě）：放。

公都子问曰："钧①是人也，或为大人，或为小人，何也？"

孟子曰："从其大体为大人，从其小体为小人。"

曰："钧是人也，或从其大体，或从其小体，何也？"

曰："耳目之官不思，而蔽于物②。物交物，则引③之而已矣。心之官则思，思则得之，不思则不得也。此④天之所与我者。先立乎其大者，则其小者，不能夺也。此为大人而已矣。"

---

①钧：为"均"之通借字，同也。　②物：事物。　③引：诱。　④此，阮元《校勘记》曰："岳本、孔本、韩本'此'作'比'。"《经传释词》云："《说文》曰，'皆，俱词也。从比从白。'徐锴曰，'比，皆也。'孟子比天之所以与我者……家大人曰：'言耳目心思，皆天之所与我者，而心为大。'"

孟子曰："仁，人心也；义，人路也。舍其路而弗由，放其心而不知求，哀哉！

"人有鸡犬放，则知求之，有放心而不知求。

“学问之道无他，求其放心而已矣！”

孟子曰：“今有无名之指屈而不信①。非疾痛害事也。如有能信之者，则不远秦楚之路，为指之不若人也。

“指不若人，则知恶（wù）之；心不若人，则不知恶（wù）。此之谓不知类②也。”

①无名之指：手之第四指。信：伸。　②类：事。《吕氏春秋·达郁篇》：得其细，失其大，不知类耳。

孟子曰：“求则得之，舍（shě）则失之，是求有益于得也，求在我者也。求之有道，得之有命，是求无益于得也，求在外者也。”

孟子曰：“人之所以异于禽兽者几希①。庶②民去之，君子存之。

“舜明于庶物，察于人伦③。由仁义行④，非行仁义⑤也。”

①几希：无几。　②庶：众。　③察：识。伦：序。④由仁义行：仁义生于内，由其中而行。　⑤非行仁义：非强力行仁义。

孟子曰：“拱把之桐、梓①，人苟欲生之，皆知所以养之者。至于身，而不知所以养之者。岂爱身不若桐、梓哉？弗思甚也。”

---

①拱：两手所围。把：一手所握。桐、梓：皆树木名。

孟子曰：“人之于身也，兼所爱。兼所爱，则兼所养也。无尺寸之肤不爱焉，则无尺寸之肤不养也。所以考其善不善者，岂有他哉？于己取之而已矣。

“体有贵贱，有小大。无以小害大，无以贱害贵。养其小者为小人，养其大者为大人。

“今有场师①，舍（shě）其梧、槚②，养其樲、棘③，则为贱场师焉。养其一指，而失其肩背而不知也，则为狼疾④人也。

“饮食之人，则人贱之矣，为其养小以失大也。饮食之人，无有失也⑤，则口腹岂适⑥为尺寸之肤哉？”

---

①场师：治场圃者。　②梧、槚（jiǎ）：梧，桐；槚，梓。皆美材。　③樲（èr）、棘：酸枣和荆棘。　④狼疾：狼善顾，疾则不能，喻残废也。　⑤也：犹“者”。　⑥适：高诱云，适，音翅，与“啻”同。但也。

存养功夫

孟子曰："养心莫善于寡欲。其为人也寡欲，虽有不存焉者，寡矣。其为人也多欲，虽有存焉者，寡矣。"

孟子曰："无或乎王①之不智也！虽有天下易②生之物也，一日暴③之，十日寒之，未有能生者也。吾见④亦罕矣，吾退而寒之者至矣。吾如有萌焉何哉！

"今夫弈之为数⑤，小数也，不专心致⑥志，则不得也。弈秋⑦，通国之善弈者也。使弈秋诲二人弈，其一人专心致志，惟弈秋之为听。一人虽听之，一心以为有鸿鹄将至，思援弓缴⑧而射之。虽与之俱学，弗若之矣。为⑨是其智弗若与？曰：'非然也。'⑩"

---

①或：与"惑"同，怪也。王：指齐王。　②易：容易。③暴（pù）：与"曝"同，温也。　④见（xiàn）：现。　⑤弈：围棋。数：技也。　⑥致：极。　⑦弈秋：古之善弈者，名秋。　⑧援：引。缴：音灼。以绳系矢而射。　⑨为，《经传释词》云："为"与"谓"同义。　⑩非然也，俞樾《古书疑义举例》曰："此自问自答之词。"

孟子曰："仁之胜不仁也，犹水胜火。今之为仁者，犹以一杯水救一车薪之火也。不熄，则谓之'水不胜火'。此又与①于不仁之甚者也。亦终必亡②而已矣。"

①与：助。　　②亡：通"无"。

孟子曰："五谷者，种之美者也。苟为①不熟，不如荑、稗②。夫仁亦在乎熟之而已矣。"

①为，《经传释词》曰："犹'使'也。"　　②荑（tí）、稗（bài）：荑，《尔雅》注云：似稗，布地秽草也。稗，野稗，似粟。

行为哲学

行　本

曹交[1]问曰："'人皆可以为尧、舜'，有诸[2]？"

孟子曰："然。"

"交闻文王十尺，汤九尺。今交九尺四寸以[3]长。食粟而已。如何则可？"

曰："奚有[4]于是？亦为之而已矣。有人于此，力不能胜一匹雏[5]，则为无力人矣。今曰'举百钧[6]'，则为有力人矣。然则举乌获[7]之任，是亦为[8]乌获而已矣。夫人岂以不胜为患哉？弗为耳。徐行后长[9]者，谓之'弟[10]'。疾行先长者，谓之'不弟'。夫徐行者，岂人所不能哉？所不为也。尧、舜之道，孝弟而已矣。子服尧之服，诵尧之言，行尧之行，是尧而已矣。子服桀之服，诵桀之言，行桀之行，是桀而已矣。"

曰："交得见于邹君，可以假馆，愿留而受业于门。"

曰："夫道，若大路然。岂难知哉？人病不求耳。子归而求之，有余师[11]。"

①曹交：曹君之弟。交，名也。　②诸，王引之《经传释词》曰："之乎也。急言之曰'诸'，徐言之曰'之乎'。"　③以，《经传释词》曰："犹'而'也。"　④奚有：犹"何有"，言不难也。　⑤雏：小鸡。　⑥钧：一钧三十斤。　⑦乌获：古之大力之人也。　⑧为："则为无力人矣""则为有力人矣""是亦为乌获而已矣"三句中的三个"为"字，俱犹"谓"也。　⑨长（zhǎng）：年长。　⑩弟（tì）：与"悌"同。顺也。　⑪有余师：有很多老师。

王子垫[1]问曰："士何事？"

孟子曰："尚[2]志。"

曰："何谓尚志？"

曰："仁义而已矣。杀一无罪，非仁也。非其有而取之，非义也。居恶[3]在？仁是也。路恶在？义是也。居仁由义，大人之事备矣。"

①王子垫：齐王子，名垫。　②尚：古文"尚"作"上"。贵也。　③恶（wū）：哪里。

孟子曰："仁之实，事亲是也。义之实，从兄是也。智之实，知斯二者，弗去是也。礼之实，节文[1]斯二者是也。乐之实，乐[2]斯二者，乐则生矣。生则恶[3]可已也？恶可已，则不知足之蹈④之，手之舞之。”

---

①节文：太文则失其质，故节之。太质则无礼敬之容，故文之。 ②乐：快乐。 ③恶（wū）：哪里。 ④蹈：顿足。

孟子曰：“道在迩①，而求诸②远。事③在易，而求诸难。人人亲其亲，长其长④，而天下平。”

---

①道：平天下之道。迩：近。 ②而：犹“乃”也。诸：或本作“之”。 ③事：平天下之事。 ④长（zhǎng）其长：尊敬其长辈。

义 利

孟子曰："鸡鸣而起，孳孳①为善者，舜之徒也。鸡鸣而起，孳孳为利者，蹠②之徒也。欲知舜与蹠之分，无他，利与善之间也。"

①孳（zī）孳：勤勉之意。　②蹠：与"跖"同。《汉书》云："跖，秦之大盗也。"

孟子见梁惠王①，王曰："叟②，不远千里而来，亦将有以利吾国乎？"

孟子对曰："王，何必曰'利'？亦有仁义而已矣。王曰：'何以利吾国？'大夫曰：'何以利吾家？'士庶人曰：'何以利吾身？'上下交征③利，而国危矣。万乘④之国，弑⑤其君者，必千乘之家；千乘之国，弑其君者，必百乘之家⑥。万取千焉，千取百焉，不为不多矣。苟为⑦后义而先利，不夺不餍⑧。未有仁而遗其亲⑨者也，未有义⑩而后其君者也。王亦曰：'仁义'而已矣，何必曰'利'？"

①"孟子"句：梁惠王，魏侯罃也。都大梁，《史记》惠王

三十五年，卑礼厚币以招贤者，而孟轲至梁。　②叟：长老之称。　③征：取。　④乘（shèng）：兵车万乘，谓天子也。兵车千乘，谓诸侯也。　⑤弑：下杀上也。　⑥万乘、千乘、百乘：万、千、百指乘言。诸侯于天子万乘中取其千，大夫于诸侯千乘中取其百。　⑦苟为：犹苟使。　⑧餍：与“厌”通。《国语》韦昭注云：“厌，饱也。”　⑨遗：弃。亲：仁者亲亲。　⑩义：义者尊尊。

宋牼①将之楚，孟子遇于石丘②。曰：“先生将何之？”

曰：“吾闻秦、楚搆③兵，我将见楚王说④而罢之。楚王不悦，我将见秦王说而罢之。二王我将有所遇⑤焉。”

曰：“轲也请无问其详，愿闻其指⑥。说之将何如？”

曰：“我将言其不利也。”

曰：“先生之志则大矣，先生之号⑦则不可。先生以利说秦、楚之王，秦、楚之王悦于利，以罢三军之师，是三军之士，乐罢而悦于利也。为人臣者，怀利以事其君；为人子者，怀利以事其父；为人弟者，怀利以事其兄，是君臣、父子、兄弟终⑧去仁义，怀利以相接⑨，然而不亡者，未之有也。先生以仁义说秦、楚之王，秦、楚之王悦于仁义，而罢三军之师，是三军之士，乐罢而悦于仁义也。为人臣者，怀仁义以事其君；为人子者，怀仁义以事其父；为人弟者，怀仁义以事其兄，是君臣、父子、兄弟去利怀仁义以相接也，然而不王（wàng）者，未之有也。何必曰‘利’？”

---

①宋牼（xíng）：宋姓，牼名。《庄子》有宋钘者，禁攻寝兵，救世之战云云，即此宋牼也。 ②石丘：地名。 ③搆：同“构”，交兵。 ④说（shuì）：劝说。 ⑤遇：合。 ⑥指：与“旨”同。大意。 ⑦号：提法。 ⑧终：尽。 ⑨接：待。

戴盈之[1]曰：“什一，去关市之征，今兹[2]未能，请轻之，以待来年，然后已[3]，何如？”

孟子曰：“今有人日攘[4]其邻之鸡者，或告之曰：‘是非君子之道。’曰：‘请损[5]之，月攘一鸡，以待来年，然后已。’如知其非义，斯速已矣，何待来年？”

---

①戴盈之：宋大夫。 ②兹：年。 ③已：止。 ④攘：取。 ⑤损：减。

对　己

孟子曰：“不仁者，可与言哉？安其危，而利其菑①，乐其所以亡者；不仁而可与言，则何亡国败家之有！

“有孺子②歌曰，‘沧浪③之水清兮，可以濯我缨④；沧浪之水浊兮，可以濯我足。’孔子曰：‘小子⑤听之！清斯濯缨，浊斯濯足矣，自取之也。’

“夫（fú）人必自侮，然后人侮之。家必自毁⑥，而后人毁之。国必自伐，而后人伐之。《太甲》曰：‘天作孽，犹可违。自作孽，不可活。’此之谓也。”

---

①菑：与“灾”同。　②孺子：童子。　③沧浪：水名。　④缨：冠带。　⑤小子：弟子。　⑥毁：坏。

孟子曰：“自暴①者，不可与有言也。自弃者不可与有为也。言非②礼义，谓之自暴也。吾身不能居仁由义，谓之自弃也。仁，人之安宅也。义，人之正路也。旷③安宅而弗居，舍正路而不由④，哀哉！”

---

①暴：害。　②非：毁。　③旷：空。　④由：行。

孟子曰："矢人岂不仁于函人①哉？矢人唯恐不伤人，函人唯恐伤人。巫匠②亦然。故术不可不慎也。

"孔子曰：'里仁为美。择不处仁，焉得智？'夫仁，天之尊爵也，人之安宅也。莫之御而不仁，是不智也。不仁不智，无礼无义，人役③也。人役而耻为役，由④弓人而耻为弓，矢人而耻为矢也。如耻之，莫如为仁。仁者如射。射者正己而后发。发而不中⑤，不怨胜己者，反求诸己而已矣。"

---

①矢人：作箭之人。函人：为甲之人。　②巫：为人祈祝者。匠：梓匠，做棺椁的人。　③人役：为人所役者。　④由：与"犹"同。　⑤中（zhòng）：射中。

孟子曰："爱人不亲，反其仁；治人不治，反其智；礼人不答，反其敬。行有不得者，皆反求诸己。其身正，而天下归之。《诗》①云：'永言配命②，自求多福。'"

---

①《诗经·大雅·文王篇》第六章。　②言，《经传释词》曰："语词也。毛、郑释《诗》，悉用《尔雅》'言，我也'之训；或解为言语之言。揆之文义，多所未安。则施之亦不得其当也。"配命：合天命而行。配，合。命，天命。

孟子曰："君子所以异于人者，以其存心也。君子以仁存心，以礼存心。仁者爱人。有礼者敬人。爱人者，人恒爱之。敬人者，人恒敬之。

"有人于此，其待我以横逆①，则君子必自反②也：'我必不仁也，必无礼也，此物奚宜③至哉？'其自反而仁矣，自反而有礼矣，其横逆由是也。君子必自反也：'我必不忠④。'自反而忠矣，其横逆由是也。君子曰：'此亦妄人⑤也已矣。如此，则与禽兽奚择⑥哉？于禽兽又何难⑦焉？'是故君子有终身之忧，无一朝之患也。乃若⑧所忧，则有之：'舜，人也；我，亦人也。舜为法于天下，可传（chuán）于后世；我由未免为乡人⑨也。'是则可忧也。忧之如何？如舜而已矣。若夫君子所患，则亡矣。非仁无为也，非礼无行也。如有一朝之患，则君子不患矣。"

---

①横（hèng）逆：谓强暴不顺理。 ②反：省。 ③物：事。奚宜，焦循《正义》："奚宜"即"何为"。 ④忠：忠心。⑤妄人：妄作之人。 ⑥奚择：犹"何异"。 ⑦难（nàn）：责难。 ⑧乃若：发语辞。 ⑨乡人：乡里之常人。

孟子曰："万物皆备于我矣。反身而诚①，乐莫大焉。强恕②而行，求仁莫近焉。"

---

①诚：实。 ②强（qiǎng）：勉强。恕：推己以及人。

孟子曰："居下位，而不获①于上，民不可得而治也。获于上有道，不信于友，弗获于上矣。信于友有道，事亲弗悦，弗信于友矣。悦亲有道，反身不诚②，不悦于亲矣。诚身有道，不明乎善，不诚其身矣。是故诚者，天之道③也。思诚者，人之道也④。至诚而不动者，未之有也。不诚，未有能动者也。"

①获：得。　②诚：尽其实之谓。　③天之道，赵岐注："授人'诚'、'善'之性者，天也。故曰天道。"　④"思诚"二句，赵注："思行其诚以奉天者，人之道也。"

对　人

孟子曰："子路，人告之以有过则喜。禹闻善言则拜。大舜有大焉，善与人同，舍己从人，乐取于人以为善。自耕稼、陶、渔①以至为帝，无非取于人者。取诸人以为善，是与人为善者也。故君子莫大乎与人为善。"

---

①耕稼、陶、渔：舜之侧微，耕于历山，陶于河滨，渔于雷泽。

孟子曰："舜之居深山①之中，与木石居，与鹿豕游，其所以异于深山之野人者几希。及其闻一善言，见一善行，若决江河，沛然②莫之能御也。"

---

①居深山：谓耕历山之时。　②沛：流貌。

鲁欲使乐正子①为政。孟子曰："吾闻之，喜而不寐。"

公孙丑曰："乐正子强乎？"曰："否。""有知（zhì）虑乎？"曰："否。""多闻识②乎？"曰："否。"

"然则奚为喜而不寐？"

曰："其为人也好（hào）善。"

"好善足乎？"

曰："好善优于天下，而况鲁国乎？夫苟好善，则四海之内，皆将轻[3]千里而来，告之以善。夫苟不好善，则人将曰[4]：'訑訑[5]，予既已知之矣。'訑訑之声音颜色，距人于千里之外。士止于千里之外，则谗谄面谀之人至矣。与谗谄面谀之人居，国欲治，可得乎？"

---

①乐正：姓。子，通称。名克。孟子弟子。　②"乐正子"数句，《论语》："季康子问：'仲由可使从政也欤？'子曰：'由也果，于从政乎何有！''赐也可使从政也欤？'曰：'赐也达，于从政乎何有！''求也可使从政也欤？'曰：'求也艺，于从政乎何有！'"焦循《正义》曰："'强'犹'果'。'有知虑'犹'达'。'多闻识'犹'艺'。"　③轻：易，不以……为难事。　④将曰，焦循《正义》曰："将曰之'将'与将轻之'将'同人。见此不好善之人而状其貌曰'訑訑'，又述其言曰：'既已知之矣。'"　⑤訑（yí）訑：自满自足的样子。

孟子曰："言近而指远者，善言也。守约而施[1]博者，善道也。

"君子之言也，不下带[2]而道存焉。君子之守，修其身而天下平[3]。

“人病舍其田，而芸[4]人之田。所求于人者重，而所以自任者轻。”

---

①施：恩惠。　②带：腰带。此不下带，暗指心言。赵岐以正心为言近之“近”。　③修其身：为守约也。天下平：此施博也。　④芸：治，“薅”之省文。

孟子曰：“言人之不善，当[1]如后患何。”

---

①当：《经传释词》曰：“犹‘将’也。”

孟子曰：“人之患，在好为人师。”

君　子

孟子曰："广土众民，君子欲之，所乐不存焉。中天下而立，定四海之民，君子乐之，所性不存焉。

"君子所性，虽大行①不加焉，虽穷居不损焉，分②定故也。

"君子所性，仁义礼智根于心；其生色也睟然③，见④于面，盎⑤于背，施于四体，四体不言而喻。⑥"

---

①大行：行政于天下。　②分（fèn）：本分。　③睟（cuì）然：润泽之貌。　④见（xiàn）：呈现。　⑤盎（àng）：显现。　⑥"施于四体"二句：施于四体，四体虽不能言，人固已晓喻而知之也。施，延及。

孟子曰："君子有三乐①，而王天下不与存②焉。父母俱存，兄弟无故③，一乐也。仰不愧于天，俯不怍④于人，二乐也。得天下英才而教育之，三乐也。君子有三乐，而王天下不与存焉。"

---

①乐（lè）：乐趣。　②王（wàng）：称王。存：包括其

中。　③兄弟无故：谓兄弟相亲好。　④怍（zuò）：惭愧。

公孙丑问曰："不见诸侯何义？"

孟子曰："古者不为臣①，不见。段干木逾垣而辟②之，泄柳闭门而不内③，是皆已甚④。迫⑤，斯可以见矣。阳货欲见孔子⑥，而恶⑦无礼。大夫有赐于士，不得受于其家，则往拜其门。阳货瞰孔子之亡⑧也，而馈孔子蒸豚⑨。孔子亦瞰其亡也，而往拜之。当是时，阳货先⑩，岂得不见？曾子曰：'胁肩谄笑⑪，病于夏畦⑫。'子路曰：'未同而言⑬，观其色赧赧⑭然，非由⑮之所知也。'由是观之，则君子之所养，可知已矣。"

---

①不为臣：谓未仕于其国者。　②段干木：魏文侯时人。辟（bì）：与"避"同。　③泄柳：鲁穆公时人。内：与"纳"同。　④甚：过分。　⑤迫：谓求见之切。　⑥阳货：鲁大夫。欲见（xiàn）孔子：欲召孔子来见己。　⑦恶（wù）：厌恶。　⑧瞰（kàn）：窥。亡：不在家。　⑨豚，《方言》云："关东西谓之彘，或谓之豕。其子或谓之豚。"　⑩先：谓先来加礼。　⑪胁肩：竦体。谄笑：强笑。　⑫病：苦。夏畦：夏月浇水之人。　⑬未同而言：与人未合而强与之言。⑭赧（nǎn）：惭而面赤之貌。　⑮由：子路之名。

齐人有一妻一妾而处室者，其良人①出，则必餍②酒肉而后反。其妻问所与饮食者，则尽富贵也。其妻告其妾曰：“良人出，则必餍酒肉而后反。问其与饮食者，尽富贵也。而未尝有显者③来。吾将瞷④良人之所之也。”

蚤起，施⑤从良人之所之。遍国中，无与立谈者。卒之东郭墦⑥间之祭者，乞其余。不足，又顾而之他。此其为餍足之道也。

其妻归，告其妾，曰：“良人者，所仰望而终身也，今若此！”与其妾讪⑦其良人，而相泣于中庭。而良人未之知也，施施⑧从外来，骄其妻妾。

由君子观之，则人之所以求富贵利达者，其妻妾不羞也，而不相泣者，几希矣。

---

①良人：丈夫。 ②餍：饱。 ③显者：富贵人。 ④瞷（jiàn）：视。 ⑤施：与“迤”通。钱大昕《潜研堂答问》云：“施，古‘斜’字。”盖邪施而行，不使良人知也。 ⑥墦（fán）：坟墓。 ⑦讪（shàn）：讥讽。 ⑧施施：喜悦自得之貌。

教学方法

教

孟子曰："君子之所以教者五：有如时雨化之者，有成德者，有达财①者，有答问者，有私淑艾者②。此五者，君子之所以教也。"

①财：与"材"同。　②私淑艾者：私，窃也。"淑"与"叔"通，拾也。"艾"与"刈"通，取也。私淑艾者，即窃拾取也。意谓非亲为门徒面相授受，而拾取于相传之人也。

公孙丑曰："道则高矣，美矣，宜①若登天然，似不可及也。何不使彼为可几及而日孳孳②也？"

孟子曰："大匠不为拙工改废绳墨③。羿④不为拙射变其彀率⑤。君子引⑥而不发，跃如⑦也。中道而立，能者从之。"

①宜，《经传释词》云："犹'殆'也。"　②为，《经传释词》曰："犹'有'也。"孳孳：勤勉貌。孳、孜二字古多

通用。　③绳墨：所以为直之具。　④羿：古之善射者。　⑤彀（gòu）率：弯弓之限。　⑥引：张弓。　⑦跃如：犹云“跃跃”。

孟子曰：“君子深造之以道[1]，欲其自得之也。自得之，则居之安。居之安，则资[2]之深。资之深，则取之左右逢其原[3]，故君子欲其自得之也。”

---

①君子：学者。造：诣。之：凡“之”字皆指所学而言。道：朱注，进为之方也。　②资：取。　③逢：遇。原：本。

孟子曰：“梓匠轮舆[1]，能与人规矩，不能使人巧[2]。”

---

①梓匠：木工。轮舆：造轮与造车之工人。　②巧：高超的技巧。

学

孟子曰："羿之教人射，必志[1]于彀；学者亦必志于彀。大匠诲人，必以规矩[2]；学者亦必以规矩。"

---

①志：至。　②规矩：画圆、方的工具。规，所以为圆也。矩，所以为方也。

孟子曰："孔子登东山[1]而小鲁，登太山[2]而小天下。故观于海者，难为水[3]。游于圣人之门者，难为言[4]。

"观水有术，必观其澜[5]。日月有明，容光[6]必照焉。流水之为物也，不盈科[7]不行。君子之志于道也，不成章不达[8]。"

---

①东山：山名。　②太山：即泰山。　③难为水：别的水难以吸引他了。　④难为言：别的议论、见解难以吸引他了。　⑤澜：水中大波。　⑥容光：小隙。　⑦科：坎。　⑧成章：成文章。达：宦达。

孟子曰："有为者，辟[1]若掘井。掘井九轫[2]，而不及泉，犹为[3]弃井也。"

---

①辟：与“譬”同。　②韧（rèn）：与“仞”同。　③为，《经传释词》曰：“犹‘如’也。”

孟子曰：“博学而详说之，将以反说约①也。”

---

①约：赵注，“不能尽知，则不能要言之。”

孟子曰：“知①者无不知也，当务之为急。仁者无不爱也，急亲贤之为务。尧、舜之知，而不遍物，急先务也。尧、舜之仁，不遍爱人，急亲贤也。

“不能三年之丧，而缌小功②之察，放饭流歠③，而问无齿决④，是之谓不知务。”

---

①知（zhì）：同“智”。　②缌（sī）：麻布之细者，丧服之轻者用之。三月之丧也。小功：用稍细熟布为丧服。五月之丧也。　③放饭：谓放口大食。流歠（chuò）：谓开口大饮。④决：断。用齿断肉，谓之齿决。

孟子自范①之齐，望见齐王之子，喟然叹曰：“居移气②，养移体。大哉居乎！夫③非尽人之子与？”孟子曰④：“王子宫室、车马、衣服，多与人同，而王子若彼者，其居使之然也。况居天下之广居⑤者乎！鲁君之宋，呼于垤泽⑥之门，守者曰：‘此非吾君也。何其声之似我君也？’此无他，居相似也。”

①范：齐邑。 ②气：声气。 ③夫，《经传释词》曰：“犹‘彼’也。” ④孟子曰：张氏、邹氏皆云羡文也。 ⑤广居：谓仁义也。 ⑥垤（dié）泽：宋城门名。

孟子谓戴不胜①曰：“子欲子之王之善与？我明告子：有楚大夫于此，欲其子之齐语也，则使齐人傅诸②？使楚人傅诸？”

曰：“使齐人傅之。”

曰：“一齐人傅之，众楚人咻③之，虽日挞而求其齐④也，不可得矣。引而置之庄岳⑤之间，数年，虽日挞而求其楚⑥，亦不可得矣。子谓薛居州⑦善士也，使之居于王所。在于王所者，长幼卑尊，皆薛居州也，王谁与为不善？在王所者，长幼卑尊，皆非薛居州也，王谁与为善？一薛居州独⑧如宋王何？”

①戴不胜：宋臣。 ②傅：为之师傅。诸：之。 ③咻（xiū）：打扰。 ④齐：齐语。 ⑤庄岳，顾炎武《日知录》云：“庄是街名。岳是里名。” ⑥楚：楚语。 ⑦薛居州：宋臣。 ⑧独，《经传释词》云：“犹‘将’也。”

孟子曰：“人之有德慧术知①者，恒存乎疢疾②。独孤臣孽子③，其操心也危，其虑患也深，故达④。”

---

①德慧术知：德行、智慧、道术、才智。知，同“智”。②疢（chèn）疾：犹灾患也。　③孤臣孽子：孤臣，微臣；孽子，庶子。　④达：通达事理。

孟子曰：“舜发于畎①亩之中，傅说②举于版筑之间，胶鬲③举于鱼盐之中，管夷吾举于士④，孙叔敖⑤举于海，百里奚举于市⑥。故天将降大任于是人也，必先苦其心志，劳其筋骨，饿其体肤，空乏⑦其身，行拂乱其所为。所以动心忍性，曾⑧益其所不能。

“人恒过，然后能改。困于心，衡于虑，而后作⑨。征⑩于色，发于声，而后喻⑪。入则无法家拂士⑫，出则无敌国外患者，国恒亡。然后知生于忧患，而死于安乐也。”

---

①畎：一亩之间，广尺深尺曰畎。　②傅说（yuè）：傅说筑傅岩，武丁举以为相。　③胶鬲：殷之贤臣。遭纣之乱，隐遁为商。文王于鬻贩鱼盐之中，得其人举之以为臣。　④管夷吾：管仲自鲁囚执于士官，桓公举以为相国。士：狱官。⑤孙叔敖：曾隐处耕于海滨，楚庄王举之以为令尹。　⑥“百里奚”句：百里奚亡虞适秦，隐于市。缪公举之于市而以为相。⑦空乏：犹乏绝。　⑧曾：与“增”同。　⑨衡：与“横”同。作：奋起。　⑩征：验。　⑪喻：晓。　⑫法家：法度之世臣。拂（bì）士：辅弼之士。拂，与“弼”同。

政治哲学

民为贵

孟子曰："民为贵，社稷①次之，君为轻。是故得乎邱民②，而为天子；得乎天子，为诸侯；得乎诸侯，为大夫。

"诸侯危社稷，则变置③。牺牲④既成，粢盛⑤既洁，祭祀以时，然而旱干水溢，则变置社稷⑥。"

---

①社稷：社，土神；稷，谷神。国家之代称。古灭国，则变置其社稷，故谓国家为社稷。　②邱民，《释名》云："四邑为邱。"邱民，犹言邑民、乡民、国民。　③变置：变，更。置，立。赵注："诸侯为危社稷之行，则变更立贤诸侯也。"　④牺牲：祭祀所用之牲畜。　⑤粢（zī）盛（chéng）：祭品。黍稷曰粢，在器曰盛。　⑥变置社稷：更立社稷之主也。旧疏云："自颛项以来，用句龙为社，柱为稷。及汤之旱，以弃易柱。"

孟子谓齐宣王曰："王之臣有托其妻子于其友，而之楚游者，比①其反也，则冻馁其妻子，则如之何？"

王曰："弃之。"

曰："士师②不能治士，则如之何？"

王曰："已③之。"

曰："四境之内不治，则如之何？"

王顾④左右而言他。

---

①比（bì）：等到。　②士师：狱官。　③已：撤换。　④顾：环顾。

孟子见齐宣王曰："所谓故国①者，非谓有乔木②之谓也，有世臣③之谓也。王无亲臣矣。昔者所进，今日不知其亡④也。"

王曰："吾何以识其不才而舍之？"

曰："国君进贤，如不得已。将使卑逾尊，疏逾戚，可不慎与？左右皆曰：'贤。'未可也；诸大夫皆曰：'贤。'未可也；国人皆曰：'贤。'然后察之；见贤焉，然后用之。左右皆曰：'不可。'勿听；诸大夫皆曰：'不可。'勿听；国人皆曰：'不可。'然后察之；见不可焉，然后去⑤之。左右皆曰：'可杀。'勿听；诸大夫皆曰：'可杀。'勿听；国人皆曰：'可杀。'然后察之；见可杀焉，然后杀之。故曰：'国人杀之也。'如此，然后可以为民父母。"

---

①故国：旧国。　②乔木：高大树木。　③世臣：累世勋旧之臣。　④亡：去。　⑤去：罢免。

孟子曰："桀、纣之失天下也①，失其民也。失其民者，失其心也。得天下有道：得其民，斯得天下矣。得其民有道：得其心，斯得民矣。得其心有道：所欲与②之聚之，所恶勿施尔③也。

"民之归仁也，犹水之就下，兽之走圹④也。故为渊驱⑤鱼者，獭⑥也。为丛驱爵⑦者，鹯⑧也。为汤武驱民者，桀与纣也。今天下之君，有好仁者，则诸侯皆为之驱矣。虽欲无王⑨，不可得已。

"今之欲王者，犹七年之病，求三年之艾⑩也。苟为不畜，终身不得。苟不志于仁，终身忧辱，以陷于死亡。《诗》云：'其何能淑，载胥及溺。'此之谓也。⑪"

---

①也：犹"者"。 ②与（yǔ）：给。 ③尔：与"是"同。 ④圹：野。 ⑤为：去声。下并同。驱：赶走。 ⑥獭（tǎ）：水獭。 ⑦丛：茂林。爵：与"雀"同。 ⑧鹯（zhān）：食雀鸟也。 ⑨王（wàng）：称王、统一天下。 ⑩艾：草名。所以灸者，干久益善。 ⑪《诗经·大雅·桑柔》之篇。淑，善也。载，则；胥，相；及，与也。言如今之政，其何能善。但君臣相与陷溺而已。

齐宣王问曰："文王之囿①方七十里，有诸？"

孟子对曰："于传②有之。"

曰："若是其大乎？"

曰："民犹以为小也。"

曰："寡人之囿方四十里，民犹以为大，何也？"

曰："文王之囿方七十里，刍荛者③往焉，雉兔者④往焉，与民同之；民以为小，不亦宜乎？臣始至于境，问国之大禁，然后敢入。臣闻郊关⑤之内，有囿方四十里，杀其麋鹿者，如杀人之罪；则是方四十里，为阱⑥于国中；民以为大，不亦宜乎？"

---

①囿：蓄禽兽之所。大曰苑，小曰囿。 ②传：史籍、古书。 ③刍荛（ráo）者：樵人也。刍，草。荛，薪。 ④雉兔者：猎人。 ⑤郊关：郊，五十里为近郊，百里为远郊。关，界上之门。 ⑥阱：陷阱。

齐宣王问曰："人皆谓我毁明堂①，毁诸，已②乎？"

孟子对曰："夫明堂者，王者之堂也。王欲行王政，则勿毁之矣。"

王曰："王政可得闻与？"

对曰："昔者文王之治岐③也，耕者九一④，仕者世禄⑤，关市讥而不征⑥，泽梁⑦无禁，罪人不孥⑧。老而无妻曰'鳏（guān）'，老而无夫曰'寡'，老而无子曰'独'，幼而无父曰'孤'。此四者，天下之穷民而无告者。文王发政施仁，必先斯四者。《诗》云：'哿矣富人，哀此茕独。'"⑨

王曰："善哉言乎！"

曰："王如善之，则何为不行？"

王曰："寡人有疾⑩，寡人好货⑪。"

对曰："昔者公刘⑫好货。《诗》云：'乃积乃仓，乃裹糇粮，于橐于囊，思戢用光，弓矢斯张，干戈戚扬，爰方启行。'⑬故居者有积仓，行者有裹囊也，然后可以爰方启行。王如好货，与百姓同之，于王何有？"

王曰："寡人有疾，寡人好色。"

对曰："昔者太王⑭好色，爱厥⑮妃。《诗》云：'古公亶父，来朝走马，率西水浒，至于岐下，爰及姜女，聿来胥宇。'⑯当是时也，内无怨女，外无旷夫，王如好色，与百姓同之，于王何有？"

---

①谓：建议。明堂：太山明堂，周天子东巡狩朝诸侯之处。 ②已：止。 ③岐：今陕西岐山县。 ④九一：耕田之制也。方一里为一井，其田九百亩。中画井字，界为九区。一区之中，为田百亩。中百亩为公田，外百亩为私田。八家各受私田百亩，而同养公田。是九分而税其一也。 ⑤仕者世禄：贤者子孙世食其采地。 ⑥讥，《广雅·释诂》云："讥，问也。"稽查。征：征税。 ⑦泽梁：泽，陂池。梁，鱼梁。 ⑧孥（nú）：妻儿。罪人不孥，罪止其身，不及妻儿。 ⑨《诗经·小雅·正月》之篇。哿（gě），可。茕（qióng），独。 ⑩有疾：有小毛病。 ⑪好（hào）货：爱财。好，喜爱。 ⑫公刘：后稷曾孙。为周代创业始祖。 ⑬《诗经·大雅·公

刘》篇。积：聚。糇（hóu）：干粮。橐（tuó）：小曰橐，大曰囊。思，《经传释词》曰："发语词也。"戢（jí），《诗经》作"辑"，和也。斯，《经传释词》曰："犹'乃'也。"干：盾。戈：勾矛戟。戚：斧。扬：钺。爰，《经传释词》曰："聿也。聿、爰一声之转。"启行：言往于豳也。⑭太王：文王之祖。⑮厥：其。⑯《诗经·大雅·绵》之篇。亶父，太王名也。号称古公，后追尊为太王。来朝：言早也。走马：言疾也。率：循。浒：水涯。姜女：太王之妃太姜。胥：相也。相，省视。宇，居也。

王政

齐宣王①问曰："齐桓、晋文之事，可得闻乎？"

孟子对曰："仲尼之徒，无道桓、文之事者，是以后世无传（chuán）焉，臣未之闻也。无以②，则王③乎？"

曰："德何如则可以王（wàng）矣？"

曰："保民而王，莫之能御也。"

曰："若寡人者，可以保民乎哉？"

曰："可。"

曰："何由知吾可也？"

曰："臣闻之胡龁④曰：'王坐于堂上，有牵牛而过堂下者，王见之，曰：'牛何之？'对曰：'将以衅⑤钟。'王曰：'舍之，吾不忍其觳觫⑥，若无罪而就死地。'对曰：'然则废衅钟与？'曰：'何可废也？以羊易之。'不识有诸？"

曰："有之。"

曰："是心足以王（wàng）矣。百姓皆以王（wáng）为爱⑦也，臣固知王之不忍也。"

王曰："然，诚有百姓者。齐国虽褊（biǎn）小，吾何爱一牛？即不忍其觳觫，若无罪而就死地，故以羊易之也。”

曰：“王无异[8]于百姓之以王为爱也。以小易大，彼恶[9]知之？王若隐[10]其无罪而就死地，则牛羊何择焉[11]？”

王笑曰：“是诚何心哉？我非爱其财，而易之以羊也。宜乎百姓之谓我爱也。”

曰：“无伤也，是乃仁术也。见牛未见羊也。君子之于禽兽也，见其生，不忍见其死；闻其声，不忍食其肉。是以君子远[12]庖厨也。”

王说[13]曰：“《诗》[14]云：‘他人有心，予忖度[15]之。’夫子之谓也。夫我乃[16]行之，反而[17]求之，不得吾心。夫子言之，于我心有戚戚焉[18]。此心之所以合于王者，何也？”

曰：“有复[19]于王者曰：‘吾力足以举百钧[20]，而不足以举一羽；明足以察秋毫之末[21]，而不见舆薪[22]。’则王许之乎？”

曰：“否。”

“今恩足以及禽兽，而功不至于百姓者，独何与？然则一羽之不举，为不用力焉；舆薪之不见，为不用明焉；百姓之不见保，为不用恩焉。故王（wáng）之不王（wàng），不为也，非不能也。”

曰：“不为者，与不能者之形[23]何以异？”

曰：“挟太山以超北海[24]，语人曰‘我不能’，是诚不能也。为长者折枝[25]，语人曰‘我不能’，是不为也，非不能也。故王之不王，非挟太山以超北海之类也；王之不王，是折枝之类也。老[26]吾老，以及人之老；幼[27]吾幼，以及人之幼。天下可运[28]于掌。《诗》云：‘刑于寡妻，至于兄弟，以御于家邦。’[29]言举斯心，加诸彼而已。故推恩足以保四海，不推恩无以保妻子。古之人所以大过人者，无他焉，善推其所为而已矣。今恩足以及禽兽，而功不至于百姓者，独何与？权，然后知轻重；度[30]，然后知长短。物皆然，心为甚。王请度[31]之。抑王兴甲兵，危士臣，构[32]怨于诸侯，然后快于心与？”

王曰：“否，吾何快于是？将以求吾所大欲也。”

曰：“王之所大欲，可得闻与？”

王笑而不言。

曰：“为肥甘不足于口与？轻暖不足于体与？抑为采色不足视于目与？声音不足听于耳与？便嬖[33]不足使令于前与？王之诸臣皆足以供之，而王岂为是哉？”

曰：“否，吾不为是也。”

曰：“然则王之所大欲可知已。欲辟[34]土地，朝秦、楚，莅[35]中国，而抚四夷也。以若[36]所为，求若所欲，犹缘[37]木而求鱼也。”

王曰：“若是其甚与？”

曰：“殆有甚焉。缘木求鱼，虽不得鱼，无后灾。以若所为，求若所欲，尽心力而为之，后必有灾。”

曰：“可得闻与？”

曰：“邹[38]人与楚人战，则王以为孰胜？”

曰："楚人胜。"

曰："然则小固[39]不可以敌大，寡固不可以敌众，弱固不可以敌强。海内之地，方千里者九，齐集有其一，以一服八，何以异于邹敌楚哉？盖[40]亦反其本矣。今王发政施仁，使天下仕者皆欲立于王之朝，耕者皆欲耕于王之野，商贾（gǔ）皆欲藏于王之市，行旅皆欲出于王之途，天下之欲疾其君者，皆欲赴愬[41]于王。其若是，孰能御之？"

王曰："吾惛[42]，不能进于是矣。愿夫子辅吾志，明以教我！我虽不敏，请尝试之。"

曰："无恒产而有恒心者[43]，惟士为能。若民，则无恒产，因无恒心。苟无恒心，放辟[44]邪侈，无不为已。及陷于罪，然后从而刑[45]之，是罔[46]民也。焉有仁人在位，罔民而可为也？是故明君制民之产，必使仰足以事父母，俯足以畜妻子；乐岁终身饱，凶年免于死亡；然后驱而之善，故民之从之也轻[47]。今也[48]制民之产，仰不足以事父母，俯不足以畜妻子；乐岁终身苦，凶年不免于死亡。此惟救死而恐不赡[49]，奚暇治礼义哉？王欲行之，则盍反其本矣：五亩之宅，树之以桑，五十者可以衣帛[50]矣；鸡豚狗彘之畜，无失其时，七十者可以食肉矣；百亩之田，勿夺其时，八口之家，可以无饥矣；谨庠序[51]之教，申之以孝悌之义，颁白者不负戴于道路矣。老者衣帛食肉，黎民不饥不寒，然而不王（wàng）者，未之有也。"

①齐宣王：姓田氏，名辟疆。　②以：与“已”通用。无已，必欲言之而不止也。　③王（wàng）：王道。　④胡龁（hé）：齐臣。　⑤衅（xìn）：祭名，血祭。新铸钟成，杀牲取血以涂其衅郄，因以祭之曰衅。　⑥觳觫（hú sù）：恐惧貌。　⑦爱：吝啬。　⑧异：动词，奇怪。　⑨恶（wū）：哪里。　⑩隐：痛。　⑪焉：犹“乎”也。　⑫远：远离。⑬说：与“悦”同。　⑭《诗经·小雅·巧言》之篇。⑮忖度（cǔn duó）：犹言“思量”。　⑯乃，《经传释词》曰：“犹‘则’也。”　⑰而：犹“以”也。　⑱戚戚焉：感动貌。　⑲复：报告。　⑳钧：三十斤。　㉑秋毫之末：毛至秋而未脱，小而难见也。　㉒舆薪：一车之薪。　㉓形：状也。　㉔太山：即泰山。北海：即渤海。　㉕长（zhǎng）：年长。折枝，赵佑《温故录》云：“《文献通考》载陆筠解为磬折腰肢，盖犹今拜揖也。”元人《四书辨疑》以“枝”与“肢”通。㉖老：尊敬。　㉗幼：爱护。　㉘运：转。　㉙《诗经·大雅·思齐》之篇。刑：同“型”，示范。寡妻：嫡妻。御：进。御于家邦，言进而至于天下国家也。　㉚度：丈尺。㉛度（duó）：予以考虑。　㉜构：结。　㉝便嬖（pián bì）：亲近宠幸之人。　㉞辟：开辟。　㉟莅（lì）：临。㊱若：如此。　㊲缘：循。　㊳邹：小国。在今山东邹县。㊴固，《经传释词》曰：“犹‘必’也。”　㊵盖：同“盍”。“何不”的合音。　㊶愬：与“诉”通。　㊷惛：与“昏”同。㊸恒产：可常赖以生活之产业。恒心：人所常有之善心。

㊹辟：与“僻”同。　㊺刑：惩罚。　㊻罔：与“网”同。　㊼轻：犹“易”也。　㊽今也：犹“今者”。　㊾赡（shàn）：足够。　㊿衣（yì）：穿。帛：丝织品。丝织物之总名。　51庠序：乡学名。

孟子曰：“伯夷[1]辟纣，居北海之滨。闻文王作[2]，兴曰：‘盍归乎来[3]！吾闻西伯[4]善养老者。’太公[5]辟纣，居东海之滨。闻文王作，兴曰：‘盍归乎来！吾闻西伯善养老者。’天下有善养老，则仁人以为己归矣。

“五亩之宅，树墙下以桑，匹妇蚕之，则老者足以衣帛矣。五母鸡，二母彘，无失其时，老者足以无失肉矣。百亩之田，匹夫耕之，八口之家，足以无饥矣。

“所谓西伯善养老者，制其田里，教之树畜，导其妻子，使养其老。五十非帛不暖，七十非肉不饱，不暖不饱，谓之‘冻馁’。文王之民，无冻馁之老者，此之谓也。”

---

①伯夷：殷孤竹君之子。　②作：兴起。　③来，《经传释词》云：“来，句末语助也。”　④西伯：即文王。纣命为西方诸侯之长，得专征伐，故称西伯。　⑤太公：吕尚。

孟子曰：“易其田畴[1]，薄其税敛[2]，民可使富也。食之以时，用之以礼，财不可胜用也。

“民非水火不生活。昏暮叩人之门户求水火，无弗与者，至足[3]矣。圣人治天下，使有菽[4]粟如水火。菽粟如水火，而民焉有不仁者乎？”

---

①易：治。田畴：耕治之田。　②敛：赋也。　③至足：非常多。　④菽（shū）：豆之总名。

君　臣

齐宣王问曰："汤放桀，武王伐纣，有诸？"

孟子对曰："于传（zhuàn）有之。"

曰："臣弑其君可乎？"

曰："贼仁者谓之'贼'，贼义者谓之'残'。残贼之人，谓之'一夫'。闻诛一夫纣矣，未闻弑君也。"

齐宣王问卿。

孟子曰："王何卿之问也？"

王曰："卿不同乎？"

曰："不同，有贵戚之卿，有异姓之卿。"

王曰："请问贵戚之卿。"

曰："君有大过则谏，反复之而不听，则易位①。"

王勃然变乎色。

曰："王勿异也！王问臣，臣不敢不以正对。"

王色定，然后请问异姓之卿。

曰："君有过则谏，反复之而不听，则去。"

---

①易位：易君之位。

孟子告齐宣王曰："君之视臣如手足，则臣视君如腹心。君之视臣如犬马，则臣视君如国人。君之视臣如土芥，则臣视君如寇雠。"

王曰："礼，为旧君有服①。何如斯可为服矣？"

曰："谏行言听，膏泽下于民；有故而去，则君使人导之出疆②，又先于其所往③；去三年不反，然后收其田里。此之谓'三有礼'焉。如此，则为之服矣。今也为臣，谏则不行，言则不听，膏泽不下于民；有故而去，则君搏④执之，又极⑤之于其所往；去之日，遂收其田里。此之谓'寇雠'。寇雠何服之有？"

---

①服：丧服。　②疆：境。　③先：使人先去布置之意。所往：所至之国。　④搏：捆绑。　⑤极：穷。

同时学说之批评

杨　墨

公都子曰："外人皆称夫子好辩，敢问何也？"

孟子曰："予岂好辩哉？予不得已也。天下之生[1]久矣，一治一乱。当尧之时，水逆行，泛[2]滥于中国。蛇龙居之，民无所定。下者为巢，上者为营窟[3]。《书》[4]曰：'洚水警余[5]。'洚水者，洪水也。使禹治之。禹掘地而注之海，驱蛇龙而放之菹[6]。水由地中行，江、淮、河、汉[7]是也。险阻既远，鸟兽之害人者消，然后人得平土而居之。

"尧、舜既没，圣人之道衰，暴君代作。坏宫室以为汙池，民无所安息。弃田以为园囿，使民不得衣食。邪说暴行有作[8]，园囿、汙池、沛泽[9]多，而禽兽至[10]。及纣之身，天下又大乱。周公相武王，诛纣伐奄[11]。三年[12]讨其君。驱飞廉[13]于海隅而戮之。灭国者五十。驱虎、豹、犀、象而远之，天下大悦（yuè）。《书》曰：'丕显哉，文王谟，丕承哉，武王烈，佑启我后人，咸以正无缺。'[14]

"世衰道微，邪说暴行有作。臣弑其君者有之，子弑其父者有之。孔子惧，作《春秋》。《春秋》，天子之事[15]

也。是故孔子曰：‘知我者，其惟《春秋》乎！罪我者，其惟《春秋》乎！[16]’

“圣王不作，诸侯放恣，处士[17]横议，杨朱、墨翟[18]之言盈天下。天下之言，不归杨，则归墨。杨氏为我，是无君[19]也。墨氏兼爱[20]，是无父[21]也。无父无君，是禽兽也。公明仪曰：‘庖有肥肉，厩[22]有肥马；民有饥色，野有饿莩[23]，此率兽而食人也。’杨、墨之道不息[24]，孔子之道不著，是邪说诬民，充塞仁义也。仁义充塞，则率兽食人，人将相食。吾为此惧，闲[25]先圣之道，距[26]杨、墨，放淫辞，邪说者不得作。作于其心，害于其事。作于其事，害于其政。圣人复起，不易吾言矣。

“昔者禹抑[27]洪水，而天下平。周公兼夷狄，驱猛兽，而百姓宁。孔子成《春秋》，而乱臣贼子惧。《诗》云：‘戎、狄是膺，荆、舒是惩，则莫我敢承。’[28]无父无君，是周公所膺也。我亦欲正人心，息邪说，距诐[29]行，放淫辞，以承[30]三圣者；岂好辩哉？予不得已也。能言距杨、墨者，圣人之徒也。”

---

①天下之生：生民以来。　②泛：水漫溢。　③营窟：相连为窟穴。　④《书》：《尚书·大禹谟》。　⑤洚（jiàng）水：洪水。余：尧自称也。　⑥菹（jū）：泽生草者。　⑦汉：汉水。入江之大川。　⑧邪说暴行：荒谬的言论、残暴的行径。有：读为“又”，下同。　⑨沛泽：沛，草

木之所生也。泽，水所钟也。 ⑩至，赵注：“至，众也。” ⑪奄：东方之国，助纣为虐。今山东曲阜东二里有奄城。 ⑫三年，赵注：“武王伐纣至于孟津，还归。二年，复伐。前后三年也。” ⑬飞廉：纣王之幸臣。 ⑭《尚书·周书·君牙》之篇。《经传释词》曰：“丕，发声也。”显：明。谟：谋。承：继。烈：光。佑：助。启：开。后人：成王和康王。咸：皆。缺：亏。 ⑮天子之事，朱熹《集注》：“仲尼作《春秋》以寓王法、惇典、庸礼、命德、讨罪。其大要皆天子之事也。” ⑯知我者：谓此书之作，正王纲也。罪我者：责难我的人。 ⑰处（chǔ）：处士，谓不官朝而居家者。 ⑱杨朱：杨子名朱。《列子》有《杨朱篇》。其说在爱己，不拔体之一毛以利天下。与墨子兼爱相反。墨翟：墨子名翟。或曰并孔子时，或曰在其后。 ⑲无君：推极其学说之流弊而言。盖杨朱为我，但知爱身，不复知有致身之义也。 ⑳兼爱：无所不爱也。 ㉑无父：亦推极其学说之流弊而言。盖墨子兼爱，爱无差等，则视其亲无异路人也。 ㉒厩（jiù）：马舍。 ㉓莩（piǎo）：与“殍”通。饿死曰殍。 ㉔息：止。 ㉕闲：习。 ㉖距：与“拒”通。 ㉗抑：治理。 ㉘《诗经·鲁颂·閟宫》篇。膺：击也。春秋时以夷狄视楚。荆：楚也。舒：楚之与国。春秋宣公八年，楚灭舒。惩：止。承：继承。 ㉙诐（bì）：不正。 ㉚承：继。

墨者夷之①，因徐辟②而求见孟子。孟子曰：“吾固愿见。今吾尚病，病愈，我且③往见。夷子不来④。”

他日，又求见孟子。孟子曰：“吾今则⑤可以见矣。不直，则道不见⑥。我且直之。吾闻夷子墨者。墨之治丧也，以薄为其道也⑦。夷子思以易天下⑧，岂以为非是而⑨不贵也？然而夷子葬其亲厚，则是以所贱事亲也。”

徐子以告夷子。夷子曰：“儒者之道，古之人若保赤子⑩，此言何谓也？之则以为爱无差等，施由亲始。”

徐子以告孟子。孟子曰：“夫夷子信以为人之亲其兄之子，为⑪若亲其邻之赤子乎？彼有取尔也⑫。赤子匍匐将入井，非赤子之罪也⑬。且天之生物也，使之一本。而夷子二本故也⑭。盖上世尝有不葬其亲者。其亲死，则举而委⑮之于壑。他日过之，狐狸食之，蝇蚋姑嘬⑯之，其颡有泚⑰，睨⑱而不视。夫泚也，非为人泚。中心达于面目。盖归反虆梩⑲而掩之。掩之诚是也。则孝子仁人之掩其亲，亦必有道矣。”

徐子以告夷子。夷子怃然⑳，为间㉑，曰：“命㉒之矣。”

---

①夷之：治墨家之道者。　②徐辟（bì）：孟子弟子。　③且：犹“将”也。　④夷子不来，《经传释词》曰：“不，毋也，勿也。言我将往见夷子，夷子勿来也。”赵注以“夷子不来”句，是记其实事。　⑤则：犹“乃”也。　⑥见（xiàn）：同“现”。　⑦“墨之治丧”二句：《墨子》有《节葬》三篇，上、中亡，下篇尚存。　⑧易天下：谓移易天下之风俗。　⑨而：犹“则”也。　⑩古之人：古之治民者。若保赤子：《周书·康诰篇》文。赤子，婴孩。保民，若保其婴孩。　⑪为：

犹“有”也。　⑫彼：指“古之人”。尔：《经传释词》曰：“尔，犹‘焉’也。”　⑬“赤子”二句，焦循《正义》：“孟子之意谓愚民无知，与赤子同。其或入于刑辟，犹赤子之入井，非其罪也。保赤子者，必能防持维护之，使不至于入井。保民者，当明其政教以教道之，使不陷于罪戾。是之谓若保赤子。”　⑭“且天之生物”三句：天生万物，各由一本而出，自本而干（gàn），自干而枝。故亲亲而仁民，仁民而爱物也。今夷子以他人之亲与己亲等，是二本也。　⑮委：弃。　⑯蝇蚋（ruì）姑嘬（chuài）：谓蝇与蚋同姑嘬之。蚋，蚊属。姑，咀。嘬，攒共食之。　⑰颡（sǎng）：额头。泚（cǐ），焦循《正义》谓：“泚”宜为“疵”之借。《尔雅·释诂》云：“疵，病也。”　⑱睨（nì）：斜视。　⑲虆梩（léi lí）：虆，土筐；梩，锹一类的器具。　⑳怃（wǔ）然：茫然自失的样子。　㉑为间，《经传释词》曰：“‘为’，犹‘有’也。”为间，犹有顷之间。　㉒命：教。

孟子曰：“杨子取为我。拔一毛而利天下，不为也。墨子兼爱，摩顶放踵①利天下，为之。子莫②执中。执中为近之。执中无权③，犹执一也。所恶（wù）执一者，为其贼道也，举一而废百也。”

①摩顶放踵：摩顶，摩突其顶。放，至。踵，足后跟。墨子兼爱，虽摩突其顶，下至于踵，有利天下，乐为之也。　②子

莫，焦循《正义》曰："子莫未详。或为庄子有云：儒、墨、杨、秉四。秉别无所闻，恐即当时子莫执中一家之说。" ③权：称钟也。所以别轻重者也。

孟子曰："君子之于物①也，爱之而弗仁②；于民也，仁之而弗亲。亲亲而仁民，仁民而爱物。"

---

①物：畜兽。《说文》牛部云："物，万物也。牛为大物，故从牛勿声。" ②爱之而弗仁，《韩诗外传》云："爱由情出谓之仁。"

告　子

告子①曰："性犹杞柳②也，义犹桮棬③也。以人性为仁义，犹以杞柳为桮棬。"

孟子曰："子能顺杞柳之性，而以为桮棬乎？将戕④贼杞柳，而后以为桮棬也？如将戕贼杞柳而以为桮棬，则亦将戕贼人以为仁义与？率天下之人而祸仁义者，必子之言夫！"

---

①告子：名不害。兼治儒、墨之道者。　②杞柳：落叶灌木，叶子长椭圆形，枝条可编筐。　③桮棬（bēi quān）：盛酒、羹之类的器具。《荀子·性恶篇》："工人斫木而成器，器，生于工人之伪，非故生于木之性也。"与告子此说正同。④戕（qiāng）：杀害。

告子曰："性犹湍①水也，决诸东方，则东流；决诸西方，则西流。人性之无分于善不善也，犹水之无分于东西也。"

孟子曰："水信无分于②东西，无分于上下乎？人性之善也，犹水之就下也。人无有不善，水无有不下。今夫水，搏③而跃之，可使过颡④；激而行之，可使在山。是岂水之性哉？其势则然也。人之可使为不善，其性亦犹是也。"

---

①湍（tuān）：水急流之貌。 ②于，《经传释词》曰："于，犹'为'也。" ③搏：击。 ④颡（sǎng）：额头。

告子曰："生之谓性[①]。"

孟子曰："生之谓性也，犹白之谓白[②]与？"

曰："然。"

"白羽之白也，犹白雪之白；白雪之白，犹白玉之白与？"

曰："然。"

"然则犬之性犹牛之性，牛之性犹人之性与？"

---

①生之谓性，《春秋繁露·深察名号篇》曰："如其生之自然之资谓之性。"《论衡·初禀篇》云："性，生而然者也。"

②白之谓白，朱注："犹言凡物之白者同谓之白，更无差别也。"

告子曰："食色，性也[①]。仁，内也，非外也。义，外也，非内也。"

孟子曰："何以谓仁内义外也？"

曰："彼长而我长之，非有长于我也[②]。犹彼白而我白之，从其白于外也，故谓之外也。"

曰："异于[③]白马之白也，无以异于白人之白也。不识长马之长也，无以异于长人之长与？[④]且谓长者义乎？长之者义乎？”

曰：“吾弟则爱之，秦人之弟则不爱也，是以我为悦者也，故谓之内。长楚人之长，亦长吾之长，是以长为悦者也，故谓之外也。”

曰：“耆秦人之炙⑤，无以异于耆吾炙。夫物则⑥亦有然者也，然则耆炙亦有外与？”

---

①食色，性也：甘食悦色，人之性。　②“彼长（zhǎng）”二句，焦循《正义》：“彼长之长，指彼人之年长。我长之长，指我因其长而敬之。长大之年，在彼不在我，故云：非有长于我。”③异于，朱熹《集注》：“张氏曰，上‘异于’二字疑衍。”④“不识”二句：长异于白。白马、白人同谓之白可也。敬老马不能无异于敬老人也。　⑤耆：与“嗜”同。炙（zhì）：烤肉。⑥则：犹“乃”也。

兵　家

鲁欲使慎子[①]为将军。孟子曰："不教民而用之，谓之'殃民'。殃民者，不容于尧、舜之世。一战胜齐，遂有南阳[②]，然且[③]不可。"

慎子勃然不悦，曰："此则滑釐[④]所不识也。"

曰："吾明告子：天子之地方千里。不千里，不足以待诸侯。诸侯之地方百里。不百里，不足以守宗庙之典籍[⑤]。周公之封于鲁，为方百里也。地非不足，而俭[⑥]于百里。太公之封于齐也，亦为方百里也。地非不足也，而俭于百里。今鲁方百里者五。子以为有王者作，则鲁在所损乎？在所益乎？徒取诸彼以与此，然且仁者不为，况于杀人以求之乎？君子之事君也，务引其君以当道，志于仁而已。"

---

①慎子：善用兵者。　②南阳，阎若璩《释地》云："南阳，泰山之阳。本为鲁地。特久为齐夺者。"　③且，《经传释词》曰："'而且'也。"　④滑（gǔ）釐：慎子名。　⑤典籍：即礼籍。为名位尊卑之书。　⑥俭：约。

孟子曰："今之事君者皆曰：'我能为（wèi）君辟土

地、充府库。’今之所谓良臣，古之所谓民贼也。君不乡①道，不志于仁，而求富之，是富桀也。‘我能为君约与国，战必克。’今之所谓良臣，古之所谓民贼也。君不乡道，不志于仁，而求为之强战，是辅桀也。

“由今之道，无变今之俗，虽与之天下，不能一朝居也。”

---

①乡（xiàng）：同“向”。

孟子曰：“有人曰：‘我善为陈①，我善为战。’大罪也。

“国君好仁，天下无敌焉。南面而征北狄②怨，东面而征西夷怨。曰：‘奚为后我③？’武王之伐殷也，革车三百两④，虎贲⑤三千人。王曰：‘无畏！宁尔也，非敌百姓也。’⑥若崩厥角稽首⑦。

“‘征’之为言‘正’也。各欲正己也，焉用战？”

---

①陈（zhèn）：同“阵”，排兵布阵。 ②狄：宋本、孔本、韩本作“夷”。闽、监、毛三本作“狄”。 ③奚为后我：《商书·仲虺之诰》文。南征东征，指汤也。 ④两（liàng），《风俗通》谓：车称两者，车有两轮，故称两也。⑤贲（bēn）：勇士之称。言如猛虎之奔，状其勇奋。 ⑥“无畏”三句：《尚书·泰誓》文。 ⑦“若崩”句，俞樾《古书疑义举例》曰：“应劭曰：‘厥者，顿也。角者，额角也。稽

首，首至地也。’其说简明胜赵注。‘若崩’二字，乃形容厥角稽首之状。当云厥角若崩；今云若崩厥角稽首，亦倒句耳。”

孟子曰：“求也为季氏宰①，无能改于其德，而赋②粟倍他日。孔子曰：‘求，非我徒也。小子鸣鼓而攻之③，可也。’

“由此观之，君不行仁政而富之，皆弃于孔子者也。况于为④之强战！争地以战，杀人盈野。争城以战，杀人盈城。此所谓：‘率土地而食人肉。’罪不容于死⑤。

“故善战者⑥，服上刑⑦。连诸侯者⑧，次之。辟草莱⑨，任土地者⑩，次之。”

---

①求：孔子弟子冉求。季氏：鲁卿季康子。宰：家臣。②赋：取。取民之粟，倍于他日。③小子：弟子。鸣鼓而攻之：声其罪而责之。④为（wèi）：替。⑤罪不容于死：言其罪之大，虽至于死，犹不足以容之。⑥善战者：指兵家。如孙膑、吴起等人。⑦服：治。上刑：重刑。⑧连诸侯者：纵横家。如苏秦、张仪等人。⑨辟草莱：农家。如商鞅、李悝是也。井田之法，有莱田，有一易再易之田，有阡陌径遂，皆开垦之，是为辟草莱。⑩任土地者：随土地之宜，使出田赋。

纵横家

景春[1]曰："公孙衍、张仪[2]，岂不诚大丈夫哉？一怒而诸侯惧，安居而天下熄。"

孟子曰："是焉得为大丈夫乎？子未学礼乎？丈夫之冠[3]也，父命之。女子之嫁也，母命之，往送之门，戒之曰：'往之女[4]家，必敬必戒，无违夫子[5]。'以顺为正者，妾妇之道也。居天下之广居，立天下之正位，行天下之大道；得志，与民由之；不得志，独行其道。富贵不能淫[6]，贫贱不能移，威武不能屈，此之谓大丈夫。"

---

①景春：为纵横之术者。《汉书·艺文志》有《景子》十三篇，疑即此人。　②公孙衍、张仪：皆魏人。《史记·张仪列传》附公孙衍传。皆言纵横以强秦者。　③冠（guàn）：加冠于首曰冠。古男子年二十而冠，谓之成人，乃行冠礼。　④之：亦"往"也。两字一义。女（rǔ）：与"汝"同。　⑤夫子：丈夫。　⑥淫：乱。

孟子谓宋句践[1]曰："子好（hào）游[2]乎？吾语[3]子游。人知之亦嚣嚣[4]，人不知亦嚣嚣。"

曰："何如斯可以嚣嚣矣？"

曰："尊德乐义，则可以嚣嚣矣。故士穷不失义，达不离道。穷不失义，故士得己[5]焉；达不离道，故民不失望焉。古之人，得志，泽加于民；不得志，修身见[6]于世；穷则独善其身，达则兼善天下。"

---

①宋句践：姓宋，名句践。 ②游：游说。 ③语（yù）：此作动词。 ④嚣（xiāo）嚣：自得无欲的样子。《尔雅·释言》以"闲"释"嚣"。"嚣"为"闲"之假借。嚣嚣，即闲闲也。 ⑤得己：即自得。 ⑥见：同"现"。

农　家

有为神农[1]之言者许行，自楚之滕。踵[2]门而告文公曰："远方之人，闻君行仁政，愿受一廛而为氓[3]。"文公与之处[4]。其徒数十人，皆衣褐、捆[5]屦、织席以为食。

陈良[6]之徒陈相，与其弟辛，负耒耜而自宋之滕。曰："闻君行圣人之政，是亦圣人也，愿为圣人氓。"

陈相见许行而大悦，尽弃其学而学焉。陈相见孟子，道许行之言曰："滕君则诚贤君也。虽然，未闻道也。贤者与民并耕而食，饔飧而治[7]。今也滕有仓廪府库，则是厉[8]民而以自养也，恶得贤？"

孟子曰："许子必种粟而后食乎？"

曰："然。"

"许子必织布而后衣乎？"

曰："否，许子衣褐。"

"许子冠乎？"

曰："冠。"

曰："奚冠？"

曰："冠素。"

曰："自织之与？"

曰："否，以粟易之。"

曰："许子奚为不自织？"

曰："害于耕。"

曰："许子以釜甑爨[9]，以铁耕乎？"

曰："然。"

"自为之与？"

曰："否，以粟易之。"

"以粟易械器者，不为厉陶冶；陶冶亦以其械器易粟者，岂为厉农夫哉？且许子何不为陶冶，舍皆取诸其宫中而用之[10]？何为纷纷然与百工交易？何许子之不惮烦？"

曰："百工之事，固不可耕且为也。"

"然则治天下，独可耕且为与？有大人之事，有小人之事。且一人之身，而百工之所为备。如必自为而后用之，是率天下而路也。故曰：或劳心，或劳力。劳心者治人，劳力者治于人[11]。治于人者食人[12]，治人者食于人[13]，天下之通义也。

"当尧之时，天下犹未平，洪水横流，泛滥于天下。草木畅茂，禽兽繁殖，五谷不登[14]，禽兽逼人。兽蹄鸟迹之道，交于中国。尧独忧之，举舜而敷治[15]焉。舜使益掌火[16]。益烈[17]山泽而焚之，禽兽逃匿。禹疏九河[18]，瀹济、漯[19]而注诸海。决汝、汉，排淮、泗[20]，而注之江。然后中国[21]可得而食也。当是时也，禹八年于外，三过其门而不入，虽欲耕，得乎？

"后稷[22]教民稼穑，树艺五谷，五谷熟而民人育。人之有[23]道也：饱食、暖衣、逸居而无教，则近于禽兽。圣人有[24]忧之，使契为司徒[25]，教以人伦：父子有亲，君臣有义，夫妇有别，长幼有序，朋友有信。放勋日劳之来之[26]，匡[27]之直之，辅之翼之，使自得之；又从而振德[28]之。圣人之忧民如此，而暇耕乎？

"尧以不得舜为己忧。舜以不得禹、皋陶为己忧。夫以百亩之不易[29]为己忧者，农夫也。分人以财谓之惠，教人以善谓之忠，为天下得人者谓之仁。是故以天下与人易，为天下得人难。孔子曰：'大哉！尧之为君！惟天为大，惟尧则[30]之，荡荡乎[31]民无能名焉。君哉[32]舜也！巍巍乎有天下而不与[33]焉！'尧、舜之治天下，岂无所用其心哉？亦不用于耕耳。

"吾闻用夏变夷者，未闻变于夷者也。陈良，楚产[34]也。悦周公、仲尼之道，北学于中国。北方之学者，未能或之先也。彼所谓豪杰之士也。子之兄弟，事之数十年，师死而遂倍[35]之。昔者孔子没，三年[36]之外，门人治任[37]将归，入揖于子贡，相向而哭，皆失声，然后归。子贡反[38]，筑室于场[39]，独居三年，然后归。他日，子夏、子张、子游，以有若似圣人，欲以所事孔子事之[40]，强曾子。曾子曰：'不可，江汉以濯之，秋阳以暴[41]之，皜皜乎不可尚已[42]。'今也南蛮鴃[43]舌之人，非先王之道，子倍子之师而学之，亦异于曾子矣。吾闻出于幽谷，迁于乔木者，未闻下乔木而入于幽谷者。《鲁颂》曰：'戎狄是膺，荆舒是惩。'周公方且膺之，子是之学，亦为不善变矣。”

“从许子之道，则市贾[44]不贰，国中无伪。虽使五尺之童适市，莫之或欺。布帛长短同，则贾相若。麻缕丝絮轻重同，则贾相若。五谷多寡同，则贾相若。屦大小同，则贾相若。”

曰：“夫物之不齐，物之情也。或相倍蓰[45]，或相什伯[46]，或相千万。子比[47]而同之，是乱天下也。巨屦小屦同贾，人岂为之哉？从许子之道，相率而为伪者也。恶能治国家？”

---

①为：治。神农：炎帝神农氏。始为耒耜教民稼穑者。 ②踵：至。 ③廛：一夫之居。氓：野民。 ④处：居。 ⑤衣（yì）褐：衣，穿。褐，毛布。捆，许叔重曰：“捆，织也。” ⑥陈良：楚之儒者。 ⑦饔飧（yōng sūn）而治：言当亲自炊爨（cuàn），而兼治民事。饔飧，熟食。朝曰饔，夕曰飧。 ⑧厉：损害。 ⑨甑（zèng）：用来煮饭的瓦器。爨（cuàn）：烧火煮饭。 ⑩“舍皆”句，毛奇龄《四书賸言》曰：“舍，止也。言止取宫中，不须外求也。” ⑪治于人：被人治。 ⑫食（sì）人：出赋税以给公上。 ⑬食于人：见食于人。 ⑭登，《尔雅·释诂》云：“登，成也。” ⑮敷治：分治。焦循《正义》：“‘敷’之训‘布’。布，散也。散亦分也。 ⑯益：舜之臣。佐禹治水有功。掌火：即主火之官。 ⑰烈，《说文·火部》云：“烈，火猛也。” ⑱九河：古时黄河，自孟津而北，分为九道。 ⑲瀹：音

“乐”，治也。济、漯：河流名。　⑳汝：汝水，源出河南嵩县之老君山。淮、泗：淮河、泗水。　㉑中国：即中原。㉒后稷：官名。弃为之。　㉓有：为。《经传释词》曰：“人之有道也，若言人之为道也。‘为’、‘有’一声之转也。”㉔有（yòu）：与“又”同。　㉕契（xiè）：舜的臣子。司徒：官名。　㉖放（fàng）勋：本史臣赞尧之辞，因以为尧号。日，焦循《正义》：“他本俱作‘曰’，作‘日’是也。言既命益、禹、稷、契而不自已也；日日劳来匡直辅翼。所以然者，使自得之也。而未已也，又从而振德之。‘日’字与‘又’字相应。”劳之来之，《尔雅》：劳来，勤也。《史记·周纪》武王曰：“日夜劳来，定我西土。”　㉗匡：正也。　㉘振德：振，救。德，恩。赵注：“复从而振其羸穷加德惠也。”　㉙易：治。㉚则：法。　㉛荡（shāng）荡乎：广大之貌。　㉜君哉：得人君之道。　㉝巍巍乎：高大之貌。与：赵训为“益”。言舜德巍巍，虽有天下之位，然于其德仍无与益。　㉞楚产：犹言“楚人”。　㉟倍：与“背”同。古字借用。下并同。㊱三年：古者师死，为师心丧三年。若丧父而无服也。　㊲治任：犹言治装。任，担。　㊳反：同“返”。　㊴场：孔子冢上祭祀坛场也。　㊵“欲以”句，《史记·仲尼弟子列传》：“孔子既没，弟子思慕有若状似孔子。弟子相与共立为师，师之如夫子时也。”　㊶暴：与“曝”同。赵注：“周之秋，于夏为五六月，盛阳也。”　㊷“皜（gǎo）皜”句，焦循《正义》曰：“《楚词》曰，‘天白颢颢’，皜皜，即颢颢也。谓孔子盛德如天之元气皓旰。‘尚’即‘上’也。‘不可上’即子贡云，‘犹天之不可阶而升也’。江、汉以濯之，以江、汉比夫子也。秋阳以暴之，以秋阳比夫子也。皜皜乎不可上，以天比夫子也。” ㊸鴂（jué）：伯劳鸟。恶声之鸟。㊹贾：闽、监、毛三本“贾”作“价”。 ㊺蓰（xǐ）：五倍。 ㊻伯：或作“百”，同。 ㊼比（bì）：合。

白　圭

白圭①曰："吾欲二十而取一②，何如？"

孟子曰："子之道，貉③道也。万室之国，一人陶，则可乎？"

曰："不可，器不足用也。"

曰："夫貉，五谷不生，惟黍生之；无城郭、宫室、宗庙、祭祀之礼；无诸侯、币帛、饔飧；无百官、有司。故二十取一而足也。今居中国，去人伦，无君子，如之何其可也？陶以寡，且不可以为国，况无君子乎？欲轻之于尧、舜之道者，大貉小貉也。欲重之于尧、舜之道者，大桀小桀也。

---

①白圭：《史记·货殖列传》言白圭，周人。曾筑堤治水，善生产。　②二十而取一：欲省赋利民，使二十分而税其一分。　③貉（mò）：北方夷狄之国。

白圭曰："丹之治水①也，愈于禹。"

孟子曰："子过矣。禹之治水，水之道也。是故禹以四海为壑②。今吾子以邻国为壑。水逆行，谓之洚水。洚水者，洪水也。仁人之所恶（wù）也。吾子过矣。”

---

①丹之治水，《韩非子·喻老篇》：“千丈之堤，以蝼蚁之穴溃……故曰白圭之行堤也塞其穴……是以白圭无水难。”此白圭治水之证也。丹，白圭之名。　②壑：受水处。

陈仲子

匡章[1]曰："陈仲子[2]岂不诚廉士哉？居於陵[3]，三日不食，耳无闻，目无见也。井上有李，螬[4]食实者过半矣。匍匐往，将[5]食之，三咽，然后耳有闻，目有见。"

孟子曰："于齐国之士，吾必以仲子为巨擘[6]焉。虽然，仲子恶[7]能廉？充仲子之操，则蚓[8]而后可者也。夫蚓，上食槁壤[9]，下饮黄泉[10]。仲子所居之室，伯夷之所筑与？抑亦盗跖（zhí）之所筑与？所食之粟，伯夷之所树与？抑亦盗跖之所树与？是未可知也。"

曰："是何伤哉？彼身织屦，妻辟纑[11]，以易之也。"

曰："仲子，齐之世家也。兄戴[12]，盖禄万钟[13]，以兄之禄，为不义之禄，而不食也；以兄之室，为不义之室，而不居也。辟[14]兄离母，处于於陵。他日归，则有馈[15]其兄生鹅者。己频顣[16]曰：'恶用是鶂鶂[17]者为哉？'他日，其母杀是鹅也，与之食之。其兄自外至，曰：'是鶂鶂之肉也。'出而哇[18]之。以母则不食，以妻则食之。以兄之室则弗居，以於陵则居之。是尚为能充其类[19]也乎？若仲子者，蚓而后充其操者也。"

①匡章：齐人。高诱注，孟子弟子。　②陈仲子：齐人。《战国策·齐策》："赵威后问齐使云：於陵子仲尚存乎？是其为人也，上不臣于王，下不治其家，中不索交诸侯。此率民而出于无用者。何为至今不杀乎？"　③於（wū）陵：地名。在今山东邹平。　④螬（cáo）：李木中之蠹虫。　⑤将，《尔雅·释言》云：将，资也。将食，资以为食也。　⑥巨擘：大指。　⑦恶（wū）能廉：怎能叫做廉。　⑧蚓：蚯蚓。　⑨槁壤：干土。　⑩黄泉：地中之泉。　⑪辟（bì）纑（lú）：绩麻。辟，绩。纑，麻。　⑫戴：仲子兄名。　⑬万钟：谓食采于盖，其入万钟。　⑭辟：与"避"同。　⑮馈（kuì）：以物与人。　⑯己：甚。频顣：不高兴的样子。"频"与"颦"同。"顣"与"蹙"同。频为频眉，顣为顣颎。　⑰鶂（yì）鶂：鹅鸣声。鶂，同"鹢"，一种水鸟。　⑱哇（wā）：吐。⑲类：人类。

孟子曰："仲子，不义与之齐国而弗受，人皆信之。是舍箪食豆羹之义也。人莫大焉①亡亲戚、君臣、上下。以其小者，信其大者，奚可哉？"

①人莫大焉，《经传释词》曰："'焉'犹'于'也。人莫大焉无亲戚、君臣、上下，言人莫大于无亲戚、君臣、上下也。"仲子避兄离母，故孟子说他无亲戚、君臣、上下。

乡　原

万章问曰："孔子在陈[①]，曰：'盍归乎来！吾党之士狂简[②]。进取，不忘其初[③]。'孔子在陈，何思鲁之狂士？"

孟子曰："孔子不得中道而与之，必也狂獧[④]乎！狂者进取，獧者有所不为也。孔子岂不欲中道哉？不可必得，故思其次也。"

"敢问何如斯可谓狂矣？"

曰："如琴张、曾皙、牧皮[⑤]者，孔子之所谓狂矣。"

"何以谓之狂也？"

曰："其志嘐[⑥]嘐然。"

曰："古之人！古之人！夷考其行而不掩[⑦]焉者也。狂者又不可得，欲得不屑不絜[⑧]之士而与之。是獧也，是又其次也。孔子曰：'过我门而不入我室，我不憾焉者，其唯乡原[⑨]乎！乡原，德之贼也。'"

曰："何如斯可谓之乡原矣？"

曰："'何以是嘐嘐也？言不顾行，行不顾言，则曰，古之人古之人。行何为踽踽凉凉[⑩]。生斯世也，为斯世也，善斯可矣。'阉[⑪]然媚于世也者，是乡原也。"

万子[⑫]曰："一乡皆称原人焉，无所往而不为原人。孔子以为德之贼，何哉？”

曰：“非之，无举也。刺之，无刺也。同乎流俗，合乎污世。居之似忠信，行之似廉絜。众皆悦之，自以为是，而不可与入尧、舜之道。故曰：‘德之贼也。’孔子曰：‘恶似而非者：恶莠⑬，恐其乱苗也。恶佞，恐其乱义也。恶利口，恐其乱信也。恶郑声⑭，恐其乱乐也。恶紫⑮，恐其乱朱⑯也。恶乡原，恐其乱德也。’君子反经⑳而已矣！经正，则庶民兴；庶民兴，斯无邪慝⑰矣。”

---

①陈：春秋国名。周武王灭商后所封。地在今河南东部及安徽亳州等处。　②狂简，赵注：“志大、言大曰狂。简，大也。”　③不忘其初：朱注谓不能改于旧也。　④獧（juàn）：《论语·子路篇》“獧”作“狷”。　⑤琴张：名牢，字子张。子桑户死，琴张临其丧而歌。事见《庄子》。曾皙：曾参父。季武子死，曾皙倚其门而歌。事见《檀弓》。牧皮：人名，生平未详。　⑥嘐（xiāo），《说文》口部云：“嘐，夸语也。”志大言夸。　⑦夷，《经传释词》曰：“夷，语助也。”掩：覆。　⑧屑、絜：屑，洁。古“洁”作“絜”。不屑不洁之士，犹言此士不屑为不洁之行者也。　⑨原：与“愿”同。　⑩踽（jǔ）踽凉凉：踽踽，无所亲。凉凉，不见亲厚于人。俞樾《古书疑义举例》曰：“‘曰何以是嘐嘐也言不顾行行不顾言则曰古之人古之人行何为踽踽凉凉’。按此三十字当在‘其志嘐嘐然’之下，‘夷考其行’之上。‘曰，何以是嘐

嚣也？’万章问也。‘言不顾行’以下，孟子答也。狂者言行不相顾，每以古人之行为隘小而非笑之。‘则曰，古之人！古之人！行何为踽踽凉凉？’此狂者讥古人之词。及考其所谓，实未能大过古人，故曰：‘夷考其行而不掩焉者也。’此三十字误移在后，而前文止存‘曰古之人古之人’七字，乃烂脱之未尽者，可藉以考见其旧也。” ⑪阉：赵岐读“阉”为“奄”，大也。 ⑫万子：旧本作万子，今本作万章。 ⑬莠（yǒu）：似苗之草。 ⑭郑声，《论语》：“郑声淫”。 ⑮紫：间色。 ⑯朱：赤之正色。 ⑰经：常。 ⑱慝（tè）：邪恶。

尚论古人

知人论世

孟子谓万章曰："一乡之善士，斯友一乡之善士。一国之善士，斯友一国之善士。天下之善士，斯友天下之善士。以友天下之善士为未足，又尚①论古之人。颂②其诗，读其书，不知其人，可乎？是以论其世③也。是尚友也。"

①尚：同"上"。　②颂：同"诵"，吟诵。　③论其世：研究他们所处的时代。

禹、稷当平世，三过其门而不入①。孔子贤之。颜子当乱世，居于陋巷，一箪食，一瓢饮；人不堪其忧，颜子不改其乐。孔子贤之。

孟子曰："禹、稷、颜回同道。禹思天下有溺者，由己溺之也；稷思天下有饥者，由己饥之也。是以如是其急也。禹、稷、颜子易地则皆然。今有同室之人斗者，救之，虽被发缨冠②而救之，可也。乡邻有斗者，被发缨冠而往救之，则惑也；虽闭户可也。"

①“三过”句，俞樾《古书疑义举例》曰：“‘考之呱呱而泣，予弗子。’此禹事也；而稷亦因之受名。此连类而及之例也。” ②被（pī）发缨冠：急于戴冠，不及使缨摄于颈，而其并加于头也。

曾子居武城①，有越②寇。或曰：“寇至，盍去诸？”曰：“无寓人于我室，毁伤其薪木。③”寇退，则曰：“修我墙屋，我将反。”寇退，曾子反。左右曰：“待先生如此其忠且敬也，寇至则先去以为民望，寇退则反，殆于④不可。”沈犹行⑤曰：“是非汝所知也。昔沈犹有负刍⑥之祸，从先生者七十人，未有与焉。”

子思居于卫⑦，有齐寇。或曰：“寇至，盍去诸？”子思曰：“如伋⑧去，君谁与守？”

孟子曰：“曾子、子思同道。曾子，师也，父兄也。子思，臣也，微也。曾子、子思易地则皆然。”

①武城：鲁邑名。故城在今山东费县西南九十里。 ②越：国名。夏少康之后，封于会（kuài）稽。春秋之季，灭吴，奄有江苏、浙江及山东之一部。 ③“无寓人”二句：曾子将去，戒其守人之词。薪，草。 ④于，《经传释词》云：“于，犹‘为’也。” ⑤沈犹行：曾子弟子。翟灏《考异》云：“沈犹，鲁之著姓也。” ⑥负刍：人名。钱大昕《潜研堂答问》

云：“《春秋》有曹伯负刍。《史记》有楚王负刍。负刍为人名审矣。” ⑦卫：周武王封其弟康叔于卫。 ⑧伋（jí）：子思名。

圣　人

孟子曰："禹恶（wù）旨酒①，而好（hào）善言。

"汤执中，立贤无方。

"文王视民如伤，望道而②未之见。

"武王不泄迩，不忘远③。

"周公思兼三王④，以施四事⑤。其⑥有不合者，仰而思之，夜以继日；幸而得之，坐以待旦⑦。"

---

①旨酒：美酒。仪狄作酒，禹饮而甘之，遂疏仪狄而绝旨酒。　②而：如。俞樾《古书疑义举例》上下文变换虚字例曰："文王视民如伤，望道而未之见。上句用'如'字，下句用'而'字，'而'即'如'也。"　③不泄迩，不忘远：泄，狎。迩，近。朱注："近者人所易狎，而不泄。""远者人所易忘，而不忘。"　④三王：夏、商、周三代之王。　⑤四事：禹、汤、文、武所行之事。　⑥其，《经传释词》曰："'其'犹'若'也。"　⑦坐以待旦：急欲实施之义。

孟子曰："伯夷目不视恶（è）色，耳不听恶声。非其君不事，非其民不使。治则进，乱则退。横（hèng）政之所出，横民之所止，不忍居也。思①与乡人处，如以朝衣朝冠，坐于涂炭②也。当纣之时，居北海之滨，以待天下之清也。故闻伯夷之风者，顽③夫廉，懦夫有立志。

“伊尹曰：‘何事非君？何使非民？’治亦进，乱亦进。曰：‘天之生斯民也，使先知觉（jué）后知，使先觉觉后觉。予，天民之先觉者也，予将以此道觉此民也。’思天下之民，匹夫匹妇，有不与被尧、舜之泽者，若己推而内之沟中，其自任以天下之重也。

“柳下惠④不羞污君，不辞小官。进不隐贤，必以其道⑤。遗佚⑥而不怨，阨⑦穷而不悯。与乡人处，由由然不忍去也：‘尔为尔，我为我，虽袒裼裸裎⑧于我侧，尔焉能浼⑨我哉？’故闻柳下惠之风者，鄙夫宽，薄夫敦。

“孔子之去齐，接淅⑩而行。去鲁，曰：‘迟迟吾行也！去父母国之道也。’可以速而⑪速，可以久而久，可以处而处，可以仕而仕，孔子也。”

孟子曰：“伯夷，圣之清者也；伊尹，圣之任者也；柳下惠，圣之和者也；孔子，圣之时者也。孔子之谓集大成⑫。集大成也者，金声而玉振⑬之也。金声也者，始条理也⑭；玉振之也者，终条理也⑮。始条理者，智之事也；终条理者，圣之事也。智，譬则巧也。圣，譬则力也。由射于百步之外也，其至尔力也，其中⑯非尔力也。”

---

①思：语辞，非有义。一作“认为”解。　②涂炭：涂，

泥。炭，墨。　③顽，毛奇龄《四书賸言》云：“‘顽’字古皆是‘贪’字。”　④柳下惠：鲁公族大夫。姓展，名禽，字季。食采柳下，谥曰惠。　⑤“进不”二句：进不隐己之贤才，必欲行其道。隐，藏也。　⑥佚，阮元《校勘记》云：“《音义》出‘遗佚’云，或作‘迭’，或作‘失’，皆音‘逸’。”焦循《正义》曰：“逸、佚、失三字古通。遗佚，即遗失也。柳下惠是贤，而鲁不能得之，是遗失之也。”　⑦阨：古“厄”字。　⑧袒裼（tǎn xī）：露臂。裸裎（chéng）：露身。⑨浼：污。　⑩接淅：《说文》引《孟子》“接淅”作“滰淅”。唐本亦有作“滰淅”。段玉裁《说文解字注》云：“滰，其两切。”《说文》：“浚，乾渍米也。”浚，取出之也。乾，音干，渍，音恣。渍米，以水渗去米之混浊。浚乾渍米，谓取出已干之渍米也。淅音释。渍米也。滰淅而行，言不及炊而行，去之亟也。　⑪而，《经传释词》曰：“‘而’犹‘则’也。”⑫集大成，朱熹《集注》曰：“犹作乐（yuè）者，集众音之小成，而为一大成也。成者，乐之一终。乐有八音：金、石、丝、竹、匏、土、革、木。若独奏一音，则其一音自为始终，而为一小成。”　⑬金声，《集注》曰：“金，钟属。声，宣也。如‘声罪致讨’之声。”玉振，《集注》：“玉，磬也。振，收也。如‘振河海而不泄’之振。”　⑭始条理也，《集注》：“八音之中，金石为重。故并奏八音，于其未作，则先击镈（bó）钟以宣其声。”　⑮终条理也，《集注》：“俟其既阕（què），而后击特磬以收其韵。”阕，乐终。　⑯中（zhòng）：射中。

孟子曰："圣人，百世之师也，伯夷、柳下惠是也。故闻伯夷之风者，顽夫廉，懦夫有立志。闻柳下惠之风者，薄夫敦，鄙夫宽。奋乎[1]百世之上，百世之下，闻者莫不兴起也。非圣人而能若是乎？而况于亲炙[2]之者乎！"

---

①乎：于。　②亲炙：亲见熏灼，犹言亲承教化也。

答问

万章[1]问曰："舜往于田，号（háo）泣于旻（mǐn）天[2]，何为其号泣也？"

孟子曰："怨慕也。"

万章曰："'父母爱之，喜而不忘。父母恶之，劳而不怨。'[3]然则舜怨乎？"

曰："长息问于公明高[4]曰：'舜往于田，则吾既得闻命矣。号泣于旻天，于父母，则吾不知也。'公明高曰：'是非尔所知也。'夫公明高以孝子之心为不若是恝[5]：'我竭力耕田，共为子职而已矣；父母之不我爱，于我何哉？'[6]帝[7]使其子，九男二女[8]，百官，牛羊，仓廪备，以事舜于畎亩之中。天下之士，多就之者。帝将胥天下而迁之焉[9]。为不顺于父母，如穷人无所归。天下之士悦之，人之所欲也，而不足以解忧。好色，人之所欲；妻帝之二女，而不足以解忧。富，人之所欲；富有天下，而不足以解忧。贵，人之所欲；贵为天子，而不足以解忧。人悦之、好色、富贵，无足以解忧者，惟顺于父母，可以解忧。人少，则慕父母。知好色，则慕少艾[10]。有妻子，则慕妻子。仕，则慕君；不得于君则热中[11]。大孝终身慕父母，五十[12]而慕者，予于大舜见之矣。”

---

①万章：姓万，名章。齐人。孟子弟子。　②“舜往于田”二句，《虞书·尧典》：“瞽子，父顽，母嚚，象傲。”谓舜为瞽者之子，其父瞽瞍顽，其后母嚚，其异母弟象傲。所处之家庭环境至恶。又《虞书·大禹谟》：“帝初耕于历山，往于田，日号泣于旻天，于父母。负罪引慝。”谓舜不获顺于父母，耕于历山，日号泣于旻天，于其父母也。历山在今山东历城县南。旻，仁覆闵下，则称旻天。　③“父母爱之”四句，引用《礼记·祭义》中曾子语：“父母爱之，喜而弗忘；父母恶之，惧而无怨。”　④长息：公明高弟子。公明高：曾子弟子。⑤恝（jiá）：无愁的样子。　⑥“我竭力”四句，焦循《正义》曰：“一说此申言上‘恝’字。我既竭力耕田共子职矣；尚有何罪，而父母不我爱哉？”共，与“供”同。　⑦帝：尧。⑧九男二女，赵注曰：“《尧典》曰‘釐降二女’不见九男。”二女，长娥皇，次女英。　⑨帝将胥天下而迁之焉：谓帝将使舜辅相天下，进而升诸君位也。胥，辅、相；迁，登、升。⑩艾：美好。　⑪热中：躁急心热。　⑫五十：舜摄政时，年五十。

万章问曰：“或谓‘孔子于卫主痈疽①，于齐主侍人瘠环②。’有诸乎？”

孟子曰：“否，不然也。好事者为之也。于卫主颜雠由③。

弥子[4]之妻，与子路之妻，兄弟也。弥子谓子路曰：‘孔子主我，卫卿可得也。’子路以告。孔子曰：‘有命。’孔子进以礼，退以义。得之[5]不得曰：‘有命。’而[6]主痈疽与侍人瘠环，是无义无命也。孔子不悦于鲁、卫[7]，遭宋桓司马[8]，将要[9]而杀之。微服[10]而过宋。是时孔子当厄，主司城贞子[11]，为陈侯周[12]臣。吾闻观近臣[13]，以其所为主；观远臣[14]，以其所主。若孔子主痈疽与侍人瘠环，何以为孔子？”

---

①主：谓舍于其家，以之为主人。痈疽（yōng jū），焦循《正义》曰：“痈疽，即雍渠，以声同通借耳。”《史记·孔子世家》云：“卫灵公与夫人同车，宦者雍渠骖乘。” ②瘠环：奄人。姓瘠名环。 ③颜雠由：卫之贤大夫。《史记》作颜浊邹。浊邹，子路妻兄。 ④弥子：卫灵公幸臣弥子瑕。 ⑤之：与。 ⑥而，《经传释词》曰：“‘而’犹‘若’也。” ⑦“孔子”句：鲁定公十四年，孔子由大司寇摄行相事。齐人闻而惧，归女乐。季桓子受之，孔子遂行。此不悦于鲁之事也。至卫，居月余。灵公与夫人同车，宦者雍渠骖乘。出，使孔子为次乘，招摇市过之；于是丑之。去卫，适曹。此不悦于卫之事。 ⑧桓司马：宋大夫向魋。 ⑨要（yāo）：遮而留之。 ⑩微服：变更常服。 ⑪司城贞子：宋大夫。 ⑫陈侯周：陈怀公之子。为楚所灭，故无谥。 ⑬近臣：谓在朝之臣。 ⑭远臣：谓远方来仕者。

万章问曰："人有言：'伊尹以割烹要汤①。'有诸？"

孟子曰："否，不然。伊尹耕于有莘②之野，而乐尧、舜之道焉。非其义也，非其道也，禄之以天下，弗顾也；系马千驷，弗视也。非其义也，非其道也，一介③不以与人，一介不以取诸人。汤使人以币④聘之，嚣嚣⑤然曰：'我何以汤之聘币为⑥哉？我岂若处畎亩之中，由是以乐尧、舜之道哉？'

"汤三使往聘之。既而幡⑦然改曰：'与⑧我处畎亩之中，由是以乐尧、舜之道，吾岂若使是君为尧、舜之君哉？吾岂若使是民为尧、舜之民哉？吾岂若于吾身亲见之哉？天之生此民也，使先知觉后知，使先觉觉后觉也。予，天民之先觉者也，予将以斯道觉斯民也，非予觉之而谁也？'思天下之民，匹夫匹妇，有不被（pī）尧、舜之泽者，若己推而内（nà）之沟中。其自任以天下之重如此，故就汤而说（shuì）之，以伐夏救民。吾未闻枉己而⑨正人者也，况辱己以正天下者乎？圣人之行不同也，或远或近⑩，或去或不去；归洁其身而已矣。吾闻其以尧、舜之道要汤，未闻以割烹也。《伊训》曰：'天诛造攻自牧宫。朕载自亳。'⑪"

---

①要（yāo）汤，《史记·殷纪》："伊尹欲干汤而无由；乃为有莘（xīn）氏之媵臣，负鼎俎，以滋味说汤。"《吕氏春秋》有《本味篇》，言割烹要汤事最详。要，求也。　②有莘，阎若璩《释地》云："汴州陈留县，古莘国地。"

③介：与“草芥”之“芥”同。　④币：帛。古为馈赠之常物。⑤嚣嚣：自得之貌。　⑥为，《经传释词》曰：“为，语助。”⑦幡：与“翻”同。幡然，改变貌。　⑧与，《经传释词》曰：“与，如也。‘与其’皆谓‘如其’也。或但谓之‘与’。”⑨枉：屈。而：以。　⑩远：谓隐遁。近：谓仕君。　⑪“伊训”三句：《尚书》逸篇名。今《书》“牧宫”作“鸣条”，汤败桀之处。今山西安邑县有鸣条冈。朕，我也。古人朕字，上下通称。此谓伊尹。载，始也。谓汤之实行天诛征伐自鸣条也。而予之相汤征伐以王（wàng）天下始自亳也。孟子引书之意，谓伊尹相汤以吊民伐罪之事，岂以割烹哉？

孟子之自述及其出处

所　愿

公孙丑问曰："夫子加齐之卿相，得行道焉，虽由此霸王不异矣。如此，则动心否乎？"

孟子曰："否，我四十不动心。"

曰："若是，则夫子过孟贲①远矣。"

曰："是不难。告子先我不动心。"

曰："不动心有道乎？"

曰："有。北宫黝②之养勇也，不肤挠③，不目逃④；思以一豪挫于人，若挞之于市朝，不受于褐宽博⑤，亦不受于万乘之君；视刺万乘之君，若刺褐夫；无严诸侯⑥，恶声⑦至，必反之。孟施舍⑧之所养勇也，曰：'视不胜，犹胜也。量敌而后进，虑胜而后会⑨，是畏三军者也。舍岂能为必胜哉？能无惧而已矣。'孟施舍似曾子。北宫黝似子夏。夫二子之勇，未知其孰贤，然而孟施舍守约⑩也。昔者曾子谓子襄⑪曰：'子好勇乎？吾尝闻大勇于夫子⑫矣：自反而不缩⑬，虽褐宽博，吾不惴⑭焉。自反而缩，虽千万人，吾往矣。'孟施舍之守气，又不如曾子之守约也。⑮"

曰："敢问夫子之不动心，与告子之不动心，可得闻与？"

"告子曰：'不得于言，勿求于心⑯。不得于心，勿求于气⑰。'不得于心，勿求于气，可。不得于言，勿求于心，不可⑱。夫志，气之帅也⑲。气，体之充也⑳。夫志至焉，气次焉㉑。故曰：'持其志，无暴其气。'㉒"

"既曰：'志至焉，气次焉。'又曰：'持其志，无暴其气者。'何也？"㉓

曰："志壹则动气㉔，气壹则动志㉕也。今夫蹶者趋者，是气也，而反动其心㉖。"

"敢问夫子恶乎长㉗？"

曰："我知言，我善养吾浩然之气。"

"敢问何谓浩然之气？"

曰："难言也。其为气也，至大至刚。以直养而无害，则塞㉘于天地之间。其为气也，配㉙义与道，无是，馁也㉚。是集义所生者㉛，非义袭而取之㉜也。行有不慊于心，则馁矣㉝。我故曰：告子未尝知义，以其外之也㉞。必有事焉而勿正，心勿忘，勿助长也㉟。无若宋人然。宋人有闵㊱其苗之不长，而揠㊲之者，芒芒然㊳归，谓其人㊴曰：'今日病矣！予助苗长矣。'其子趋而往视之，苗则槁矣。天下之不助苗长者寡矣。以为无益而舍之者，不耘苗者㊵也。助之长者㊶，揠苗者也。非徒无益，而又害之。"

"何谓知言？"

曰："诐辞知其所蔽[42]，淫辞知其所陷[43]，邪辞知其所离[44]，遁辞知其所穷[45]。生于其心，害于其政；发于其政，害于其事[46]。圣人复起，必从吾言矣。"

"宰我、子贡善为说辞。冉牛、闵子、颜渊善言德行。孔子兼之，曰：'我于辞命，则不能也。'然则夫子既圣矣乎？"

曰："恶[47]！是何言也！昔者子贡问于孔子曰：'夫子圣矣乎？'孔子曰：'圣则吾不能；我学不厌，而教不倦也。'子贡曰：'学不厌，智也；教不倦，仁也。仁且智，夫子既圣矣！'夫圣，孔子不居，是何言也！"

"昔者窃闻之：子夏、子游、子张，皆有圣人之一体[48]。冉牛、闵子、颜渊则具体而微[49]。敢问所安[50]？"

曰："姑舍是[51]。"

曰："伯夷、伊尹何如？"

曰："不同道。非其君不事，非其民不使，治则进，乱则退，伯夷也。何事非君？何使非民？治亦进，乱亦进，伊尹也。可以仕则仕，可以止则止，可以久则久，可以速则速，孔子也。皆古圣人也。吾未能有行焉。乃所愿，则学孔子也。"

"伯夷、伊尹于孔子，若是班[52]乎？"

曰："否，自有生民以来，未有孔子也。"

曰："然则有同与？"

曰："有。得百里之地而君之，皆能以朝诸侯有天下。

行一不义，杀一不辜，而得天下，皆不为也。是则同。”

曰：“敢问其所以异。”

曰：“宰我、子贡、有若，智足以知圣人，汙不至阿其所好[53]。宰我曰：‘以予观于夫子，贤于尧、舜远矣！’子贡曰：‘见其礼而知其政，闻其乐而知其德。由百世之后，等[54]百世之王，莫之能违也。自生民以来，未有夫子也。’有若曰：‘岂惟民哉！麒麟之于走兽，凤凰之于飞鸟，太山之于丘垤[55]，河海之于行潦[56]，类也。圣人之于民，亦类也。出于其类，拔乎其萃[57]，自生民以来，未有盛于孔子也。’”

---

①孟贲：古之大勇士。《吕氏春秋·必己篇》云：“孟贲过于河，先。其五船人怒，而以楫虓（xiāo）其头；顾不知其孟贲也。中河，孟贲瞋目而视船人，发植，目裂，鬓指。舟中之人，尽扬播入河。” ②北宫黝（yǒu）：姓北宫，名黝。生平未详。 ③不肤挠：人刺其肌肤，不退却。 ④不目逃：刺其目，目不转睛逃避之。 ⑤褐宽博：衣褐之匹夫。当时有此称。褐，毛布。宽博，宽大之衣。 ⑥无严诸侯：无有可敬之诸侯。严，敬。 ⑦恶（è）声：恶言。 ⑧孟施舍，赵注：“孟姓，舍名。施，发音也。” ⑨会：合兵，即交锋。 ⑩约：简单易行。 ⑪子襄：曾子弟子。 ⑫夫子：孔子。 ⑬缩：直。 ⑭不惴（zhuì）：不令之惧怕。惴，惧。 ⑮“孟施舍”二句，焦循《正义》曰：“黝之勇生于‘必胜’；设有不胜，则气屈矣。施舍之勇，生于‘不惧’；则虽不胜，其

气亦不屈。故较黝为得其要。然施舍一以不惧为勇，而不论‘义’‘不义’。曾子之勇，则有‘惧’有‘不惧’，一以‘义’‘不义’为断。此不独北宫黝之勇不如，即孟施舍之‘守气’亦不如也。” ⑯“不得于言”二句：“不得于言”，即下之“诐辞、淫辞、邪辞、遁辞”。“求于心”，即下之“知其所蔽、所陷、所离、所穷”。 ⑰“不得于心”二句：“不得于心”，即上之“挫于人，恶声至”。“求于气”，即上之“必反之，无惧”。 ⑱“不得”六句：北宫黝、孟施舍“求气”者也。曾子“求心”者也。告子“勿求气”“勿求心”者也。⑲“夫志”二句：“自反”然后“往”，“此志帅气也”。⑳气，体之充也：“虽千万人往”，此“气充体”也。 ㉑“夫志至”二句，陈组绶《近圣居燃犀解》曰：“志至之‘至’，是至到之至。气次之‘次’，是次舍之次。”赵注：“志所向，气随之。” ㉒“持其志”二句：持，守。持其志，曾子之自反缩不缩也。若北宫黝、孟施舍，则暴其气矣。 ㉓“既曰”数句，丑问：既曰“志至”而“气次”，则只是“持志”可耳，何以又言“无暴其气”也？ ㉔志壹则动气：壹，不贰，专一。自反而缩，此“志壹”也。“虽千万人往”，则“动气”也。㉕气壹则动志：“必反之”，“无惧”，此“气壹”也。不“量敌”，不“虑胜”，是“动志”也。 ㉖“今夫”三句，俞樾《古书疑义举例》曰：“今夫蹶者趋者，犹云：大凡颠蹶之人，皆是趋走之人。盖人之疾趋而行，气使之也。而至于颠蹶则无不动心矣。故曰：‘是气也，而反动其心。’蹶者趋者似平而实侧；若以蹶趋平列，则其义不见矣。”此举颠蹶动心以为气壹动志之例。 ㉗“敢问”句：此上但明告子之“不动心”，未明孟子之“不动心”。故丑又问孟子“何以长于告子？” ㉘塞：充满。 ㉙配：配合。 ㉚无是，馁也：无义与道，则气不充体，没有了力量。 ㉛“是集义”句：“是”指“浩然之气”。“集义”犹“以直养而无害”。“集义所生”，犹“以直养而无害”，则此浩然之气，“塞于天地之间”也。 ㉜非义袭而取之：即“非袭义而取之”。“袭”对上“集”，“取”对上“生”。谓之“袭”，则非“直养”矣。“集义所生”，是自“内”而生者也。“袭义而取”，是自“外”而取者也。 ㉝行有不慊（qiè）于心，则馁矣：犹言“自反而不缩，虽褐宽博吾惴矣”。此证明浩然之气自内而生，非自外取也。慊，与“嗛”同，快意，满足。 ㉞“告子”二句：告子以“长者”为义，不知“长之者”之为义。故“外义”，故“勿求心”。 ㉟“必有”数句，顾炎武《日知录》曰：“倪文节思谓：当作‘必有事焉而勿忘，勿忘勿助长（zhǎng）也。’传（chuán）写之误，以‘忘’字作‘正心’二字。言养浩然之气，必当有事而勿忘；既已勿忘，又当勿助长也。” ㊱闵：伤念也。 ㊲揠（yà）：拔。 ㊳芒芒然，赵岐注：“芒芒，罢（疲）倦之貌。” ㊴其人：家人。 ㊵不耘苗者：告子之“勿求心”也。 ㊶助之长者：黜舍之“求气”也。 ㊷诐（bì）：偏陂。蔽：遮隔。 ㊸淫：过分。陷：沉溺。 ㊹邪：邪僻。离：叛去。 ㊺遁：逃避。穷：困屈。 ㊻“生于其心”四句：心有“所蔽、陷、离、穷”，而辞有“诐、淫、邪、遁”，犹“生于其心”，则“害于政事”也。政，法教。事，事为。

㊼恶：与“呀”同。　㊽体：四肢，肢脚也。以此喻德也。　㊾具体而微：具备圣人之体而微小耳。　㊿安：居。　51姑舍是：即“且置是”也。孟子不欲以此数子自居也。　52班：齐等。　53汙（wā）不至阿（ē）其所好（hào），焦循《正义》曰：“汙本作‘洿’。孟子盖用为‘夸’字之假借。夸者，大也。谓言虽大，而不至于阿曲。”阿，偏袒。　54等：比较。　55垤（dié）：小土堆。　56行潦（lǎo）：道旁之流水。　57萃：聚。

孟子曰：“由尧、舜至于汤，五百有余岁。若禹、皋陶①，则见而知之，若汤则闻而知之。由汤至于文王，五百有余岁。若伊尹、莱朱②，则见而知之，若文王则闻而知之。由文王至于孔子，五百有余岁。若太公望、散宜生③，则见而知之。若孔子，则闻而知之。

“由孔子而来，至于今百有余岁。去圣人之世，若此其未远也。近圣人之居，若此其甚也。然而无有乎尔？则亦无有乎尔④。”

---

①皋陶（gāo yáo）：舜之臣子。　②莱朱：汤之臣子。一曰仲虺（huǐ）。《春秋传》仲虺居薛，为汤左相。　③散宜生：文王四臣之一。　④“然而”二句：陆本作“然而无乎尔，则亦有乎尔？”疑之也。赵佑《温故录》曰：“尔者，辞之终也。乎者，决绝之中，尚有余望也。”

孟子曰：“君子[①]之泽，五世而斩[②]。小人[③]之泽，五世而斩。予未得为孔子徒也，予私淑诸人也。”

---

①君子：圣贤在位者。　②世：父子相继为一世。三十年亦为一世。斩：断绝。　③小人：圣贤不在位者。

公孙丑问曰：“夫子当路[①]于齐，管仲、晏子[②]之功，可复许[③]乎？”

孟子曰：“子诚齐人也！知管仲、晏子而已矣。或问乎曾西[④]曰：‘吾子与子路孰贤？’曾西蹴[⑤]然曰：‘吾先子[⑥]之所畏也。’曰：‘然则吾子与管仲孰贤？’曾西艴[⑦]然不悦曰：‘尔何曾[⑧]比予于管仲？管仲得君，如彼其专也；行乎国政如彼其久也；功烈，如彼其卑也。尔何曾比予于是？’”

曰[⑨]：“管仲，曾西之所不为也，而子为[⑩]我愿之乎？”

曰：“管仲以其君霸，晏子以其君显，管仲、晏子，犹不足为与？”

曰：“以齐王，由反手也。”

曰：“若是，则弟子之惑滋[⑪]甚。且[⑫]以文王之德，百年而后崩，犹未洽于天下。武王、周公继之，然后大行。今言王若易然，则文王不足法与？”

曰：“文王何可当也？由汤至于武丁[⑬]，贤圣之君六七作[⑭]；天下归殷久矣，久则难变也。武丁朝诸侯有天下，犹运之掌也；纣之去武丁，未久也，其故家遗俗，流风善政，犹有存者。又有微子、微仲、王子比干、箕子、胶鬲⑮，皆贤人也，相与辅相之，故久而后失之也。尺地莫非其有也，一民莫非其臣也，然而文王犹方百里起，是以难也。齐人有言曰：‘虽有智慧，不如乘势。虽有镃基⑯，不如待时⑰。’今时则易然也。夏后殷、周之盛，地未有过千里者也；而齐有其地矣。鸡鸣狗吠相闻⑱，而达乎四境，而齐有其民矣。地不改辟矣，民不改聚矣，行仁政而王，莫之能御也。且王者之不作，未有疏于此时者也。民之憔悴于虐政，未有甚于此时者也。饥者易为食，渴者易为饮。孔子曰：‘德之流行，速于置邮⑲而传命。’当今之时，万乘之国行仁政，民之悦之，犹解倒悬也。故事半古之人，功必倍之，惟此时为然。”

---

①当路：当权。　②管仲：齐大夫。名夷吾。相桓公霸诸侯。晏子：齐景公臣。名婴，号平仲。　③许，赵岐注：“‘许’犹‘兴’也。”　④曾西：唐陆德明《经典释文·序录》言其为曾参之子。赵岐注认为曾西为曾子之孙。　⑤蹴（cù）：不安貌。　⑥先子：指曾子。　⑦艴（fú）：怒色。　⑧何曾：犹“何乃”，为什么。　⑨曰，《四书辨疑》曰：“自‘子诚齐人也’，下连此节，皆孟子之言。此处不当又有孟子发语之辞。‘曰’本衍字无疑。”　⑩为：以为。⑪滋：更加。　⑫且，《经传释词》曰：“‘且’犹‘夫’

也。”　⑬武丁：高宗。　⑭作：兴起。　⑮“又有”句：微子、王子比干、箕子，孔子称为殷之三仁。微仲、胶鬲（gé）亦为良臣。　⑯镃（zī）基：农具。　⑰时：耕种之时。　⑱鸡鸣狗吠相闻：言民居稠密。　⑲置邮：马递曰置，步递曰邮。

孟子去齐，尹士[①]语人曰：“不识王之不可以为汤武，则是不明也。识其不可，然且至，则是干泽[②]也。千里而见王；不遇故去，三宿而后出昼[③]，是何濡滞[④]也！士则兹[⑤]不悦。”

高子[⑥]以告。曰：“夫尹士恶知予哉！千里而见王，是予所欲也。不遇故去，岂予所欲哉？予不得已也。予三宿而出昼，于予心犹以为速，王庶几改之！王如改诸，则必反予。夫出昼，而王不予追也，予然后浩然有归志。予虽然，岂舍王哉？王由足用为善；王如用予，则岂徒齐民安，天下之民举安。王庶几改之！予日望之。予岂若是小丈夫然哉？谏于其君而不受，则怒悻悻[⑦]然见于其面，去则穷[⑧]日之力而后宿哉？

尹士闻之曰：“士诚小人也。”

---

①尹士：齐人。　②干泽：干，求也。《风俗通·穷通篇》“泽”作“禄”。　③昼：昼县。毛奇龄《经问》：“昼邑，在临淄县西南。相传孟子出宿处。”　④濡滞：迟留。

⑤兹：此。　⑥高子：齐人。孟子弟子。　⑦悻悻：怒意也。　⑧穷：尽。

孟子去齐，充虞[1]路问曰："夫子若有不豫[2]色然。前日虞闻诸夫子曰：'君子不怨天，不尤[3]人。'"

曰："彼[4]一时，此[5]一时也。五百年必有王者兴，其间必有名世者[6]。由周而来，七百有余岁矣，以其数[7]则过矣。以其时[8]考之，则可矣。夫天未欲平治天下也；如欲平治天下，当今之世，舍我其谁也？吾何为不豫哉？"

①充虞：孟子弟子。　②豫：高兴。　③尤：责怪。　④彼：前日。　⑤此：今日。　⑥名世者：谓德业闻望可名一世者。　⑦数：谓五百年之期。　⑧时：谓乱极思治之时。

出处辞受

孟子将朝王[1]，王使人来曰："寡人如[2]就见者也；有寒疾，不可以风。朝，将视朝[3]。不识可使寡人得见乎？"

对曰："不幸而有疾，不能造[4]朝。"

明日，出吊于东郭氏[5]。公孙丑曰："昔者[6]辞以病，今日吊，或者不可乎？"

曰："昔者疾，今日愈，如之何不吊？"

王使人问疾，医来。

孟仲子[7]对曰："昔者有王命，有采薪之忧[8]，不能造朝。今病小愈，趋造于朝。我不识能至否乎？"

使数人要[9]于路曰："请必无归，而造于朝。"

不得已，而之景丑氏[10]宿焉。景子曰："内则父子，外则君臣，人之大伦也。父子主恩，君臣主敬。丑见王之敬子也，未见所以敬王也。"

曰："恶！是何言也？齐人无以仁义与王言者，岂以仁义为不美也？其心曰'是何足与言仁义也'云尔。则不敬，莫大乎是。我非尧、舜之道，不敢以陈于王前。故齐人莫如我敬王也。"

景子曰："否，非此之谓也。《礼》曰：'父召无诺[11]。

君命召，不俟驾。[12]’固将朝也，闻王命而遂不果；宜[13]与夫礼，若不相似然。”

曰：“岂谓是与？曾子曰：‘晋、楚之富，不可及也。彼以其富，我以吾仁。彼以其爵，我以吾义。吾何慊[14]乎哉？’夫岂不义？而曾子言之，是或一道也。天下有达尊[15]三：爵一，齿[16]一，德一。朝廷莫如爵，乡党莫如齿，辅世长民莫如德。恶得有其一，以慢其二哉？故将大有为之君，必有所不召之臣。欲有谋焉则就之。其尊德乐道，不如是，不足与有为也。故汤之于伊尹，学焉而后臣之，故不劳而王。桓公之于管仲，学焉而后臣之，故不劳而霸。今天下地丑[17]，德齐，莫能相尚[18]；无他，好臣其所教，而不好臣其所受教。汤之于伊尹，桓公之于管仲，则不敢召；管仲且犹不可召，而况不为管仲者乎？”

---

①王：齐王。孟子时在齐。　②如，《经传释词》曰：“‘如’字亦与‘将’同义。”　③朝（cháo），将视朝（cháo）：倘来朝见，我将上朝。　④造：到。　⑤东郭氏：齐大夫。　⑥昔者：昨日。　⑦孟仲子：孟子之从昆弟，学于孟子者也。　⑧采薪之忧：言病不能采薪。谦辞也。⑨要（yāo）：遮拦、拦截。　⑩景丑氏：齐大夫家也。　⑪父召无诺，《礼》：“父命呼，唯而不诺。”疾应曰唯，缓应曰诺。⑫“君命召”二句，《礼》：“君命召，在官不俟屦，在外不俟车。”　⑬宜：似乎、大概。《经传释词》曰：“‘宜’犹

‘殆’也。” ⑭慊（qiàn）：憾，恨。 ⑮达尊：天下公认尊贵的。 ⑯齿：年齿，谓尊长也。 ⑰丑：类同。 ⑱尚：过。

陈臻[①]问曰：“前日于齐，王馈兼金[②]一百而不受。于宋，馈七十镒[③]而受。于薛[④]，馈五十镒而受。前日之不受是，则今日之受非也。今日之受是，则前日之不受非也。夫子必居一于此矣。”

孟子曰：“皆是也。当在宋也，予将有远行。行者必以赆[⑤]，辞曰：‘馈赆。’予何为不受？当在薛也，予有戒心[⑥]。辞曰：‘闻戒，故为兵馈之。’予何为不受？若于齐，则未有处也。无处而馈之，是货之也。焉有君子而可以货取乎？”

---

①陈臻：孟子弟子。 ②兼金：好金。其价兼倍于常者。 ③镒（yì）：二十两。 ④薛：今山东滕县西南有薛城。 ⑤赆（jìn）：送行者之礼。 ⑥予有戒心，赵岐谓：时有恶人，欲害孟子。孟子有设兵戒备之心。

公行子[①]有子之丧，右师[②]往吊。入门，有进而与右师言者；有就右师之位[③]，而与右师言者。孟子不与右师言。

右师不悦曰：“诸君子皆与驩言。孟子独不与驩言，是简[④]驩也。”

孟子闻之曰："礼：朝廷不历位而相与言，不逾阶而相揖也[5]。我欲行礼，子敖以我为简，不亦异乎？"

---

①公行子：齐大夫。 ②右师：官名，此指齐大夫王驩。③位：卿大夫士之丧，君使人吊，卿大夫咸往会吊，各有位次。④简：轻视、简慢。 ⑤"朝廷"二句，焦循《正义》曰："《周礼》卿大夫士之丧，'职丧'以国之丧礼莅其禁令。孟子所称不历位、不逾阶之礼，即'职丧'之禁令也。"职丧，官名。《周礼》春官之属，掌诸侯及卿大夫士之丧。

乐正子从于子敖之齐[1]。乐正子见孟子[2]。孟子曰："子亦来见我乎？"

曰："先生何为出此言也？"

曰："子来几日矣？"

曰："昔者。"

曰："昔者，则我出此言也，不亦宜乎？"

曰："舍馆[3]未定。"

曰："子闻之也，舍馆定，然后求见长者乎？"

曰："克有罪。"

---

①"乐正子"句，赵注："子敖使而之鲁，乐正子随之来齐也。"子敖即王驩。 ②乐正子见孟子：孟子时在齐。 ③舍馆：客舍。

孟子年表（从狄子奇《孟子编年》）

纪年			记事	
公元	周王	孟子	列国	孟子
前372	烈王四	一		四月二日生
前359	显王一〇	一四	秦以卫鞅为左庶长，定变法之令	
前358	显王一一	一五		学于鲁
前354	显王一五	一九	秦取魏少梁，魏伐赵围邯郸	
前353	显王一六	二〇	齐用孙膑策伐魏救赵，败魏桂陵	
前351	显王一八	二二	郑以申不害为相	
前350	显王一九	二三	秦徙都咸阳，初废井田	
前341	显王二八	三二	魏复伐邯郸，齐救邯郸伐魏，败魏于马陵，杀其将庞涓，虏太子申	
前340	显王二九	三三	秦封鞅为商君，魏徙都大梁	
前338	显王三一	三五	秦人诛卫鞅，灭其家	
前333	显王三六	四〇	秦以公孙衍为大良造，六国合纵以摈秦，以苏秦为纵约长（zhǎng）	
前332	显王三七	四一	秦公孙衍以齐梁之师伐赵，苏秦去赵适燕，纵约皆解	始客邹

前 331	显王三八	四二		居于平陆
前 330	显王三九	四三		由邹之任见季子
前 329	显王四〇	四四		由平陆之齐
前 328	显王四一	四五		为宾师于齐
前 327	显王四二	四六	张仪相秦	在齐
前 326	显王四三	四七		去齐之宋，滕文公之楚，过宋见孟子
前 325	显王四四	四八	齐宣王置稷下馆，招贤者邹衍、淳于髡（kūn）、田骈、接予、慎到、环渊之徒，皆赐列第为上大夫	由宋反邹
前 324	显王四五	四九		自邹之滕，陈相见孟子，道许行之言
前 323	显王四六	五〇	齐筑薛	在滕
前 322	显王四七	五一	张仪相（xiàng）梁	去滕反邹
前 321	显王四八	五二		居邹
前 320	慎靓（jìng）王元	五三		适梁
前 319	慎靓王二	五四	梁惠王卒	去梁适齐
前 318	慎靓王三	五五	滕文公卒（？），六国伐秦，攻函谷关。齐大夫杀苏秦	为卿于齐，出吊于滕，盖大夫王驩辅行
前 317	慎靓王四	五六	张仪复归相秦	自齐葬于鲁
前 316	慎靓王五	五七	燕王哙以国让其相子之	居鲁
前 315	慎靓王六	五八		自鲁反齐
前 314	赧（nǎn）王元	五九	齐伐燕，取之，醢（hǎi）子之，杀故燕君哙，燕人畔（pàn）	去齐之宋

前 313	赧王二	六〇	楚屈匄(gài)伐秦	遇宋轻于石邱
前 312	赧王三	六一	鲁使乐正克为政	自宋如薛
前 311	赧王四	六二	秦使张仪说(shuì)六国连横(héng)以事秦,封仪为武信君	自薛之鲁,不遇,旋反邹。自是辙迹终焉
前 309	赧王六	六四	张仪死于魏	
前 292	赧王二三	八一	秦大良造白起攻魏取垣,攻郑取宛	
前 289	赧王二六	八四	秦大良造白起伐魏,取六十一城,秦自称西帝	正月十五日卒